デザインのGENTEN

原点から現点、そしてフチュールへ

コシノジュンコ 著

帝京新書
009

まえがき

パリは絶望と希望を運んでくる。
ファッションに関わる者にとって、パリは鬼門であり、福門である。
どちらの門をくぐらされるかは最後まで分からない。それが花の都パリの真実である。
陰の私は、鬼門をくぐる。
陽の私は、福門を通る。

デザイナーにとって、陰と陽の対極は不可欠である。陰が深ければ、陽はいよいよ明るくなる。陽がまぶしければ、陰はもっと深くなる。それぞれの存在がそれぞれを生かす。そして引き出す。
ファッションにおいて、陰と陽は、反比例の関係にはない。むしろ正比例の関係にある。

パリで、私はそれを知った。

服をデザインする陽の私に対して、ファッションショーを演出する陰の私。ブティックで接客する陽の私に対して、バックヤードの管理やライセンス契約を進める陰の私。

陰の私は、陽の私に命を与える。

陽の私は、陰の私を生かす。

円谷幸吉選手が男子マラソンで五輪メダリストに輝いた一九六四年の秋、私は五輪開催地の東京にはいなかった。実はパリにいた。(円谷選手が深い絶望と希望のうちを生きたことは後に知った)
パリを覆う色は、グレーだった。
黒よりは穏やかで、ライトグレーよりは濃くて深いグレー、チャコールグレーに近かった。

パリに響く音はくぐもっていた。華やぐリズムや抑揚はなかった。石畳に響く靴音だけが私を追いかけてきた。ベルギーのブリュッセルから鉄路でパリ北駅に入ったことが、私の感じたパリの印象に影響したのだろう。車窓を眺めながら終着駅に少しずつ近づいていく鉄路と、いきなり空港に降り立つ空路とでは、目的地に着いた時に皮膚が受け止める感覚が異なる。飛行機が飛ぶ空間と、列車が走る空間では、時間の感覚は異なるのである。その差異は人によって違う。

飛行機と列車に共通していることがある。現実の世界を移動する手段であることだ。それは決して、私を未来には運んではくれない。現実の世界を出発し、現実の世界に到着する。

ファッションは違う。乗り物でもあるファッションは、現実と未来を結ぶ移動手段である。小さなタイムマシンである。ファッションは未来を垣間見せてくれる。苦い希望を教えてくれる。甘い絶望を示してくれる。味わったことのない絶望と希望を運んでくるパリは、その象徴である。

一九六四年に初めてパリを訪れた時、私には同行者がいた。「欧州視察」の名目で広告会社が募った服飾関係者十数人。その中には母と姉もいた。私たちの一行は行く先々で笑い声に包まれた。静のパリ市民に対して、動の日本人視察団。パリは本当の顔を隠していた。それを知らなかった私は、無邪気に振る舞った。そして、パリに酔いしれた。同年春に観光渡航が日本で自由化され、日本人もヨーロッパに行けるようになった。為替レートは固定相場制の一ドル三百六十円。渡航ルートは南回りのヨーロッパ線。欧州視察のハードルは高く、私の周りで海外旅行を経験した人はいなかった。後に日本のファッション界をけん引することになる親友でライバルの高田賢三氏（ケンゾー）も、松田光弘氏（ニコル）も、金子功氏（ピンクハウス）も、パリを歩いたことはなかった。

東京五輪開催で高まった戦後ニッポンの高揚感が、私に伝わらなかったわけはない。パリの私は気負っていた。

クリスチャン・ディオールのショーを観覧し、シャネルやジバンシィの制作現場を見学した。

それから十四年後、私はパリコレクションに初参戦した。ファッション界の五輪に身を投じたのである。

憧れのパリは、もう、私の手のひらの中にあった。

パリの裏鬼門を無事に通り抜けることができたと思った。安心したのもつかの間、希望の後ろから、絶望が忍び足で迫っていた。

パリは、やはり、希望も絶望も運んでくる。

1964年の秋に初めてパリを訪れた筆者　　©JUNKO KOSHINO

目次

筆者がデザインしたコレクション　© JUNKO KOSHINO

第一章　GENTENは原点、あるいはピュア

広い宇宙の両極を結んだ糸の真ん中に私は立っている。そこから、あちらの極と、こちらの極とを交互に見る。私を貫く「対極の思考」は、宇宙の真ん中から、宇宙の両端を見る視点のことである。

私がこだわる「対極の美」は、「対極の思考」を具象化すること。そして、美しい宇宙の両極からデザインを究めること。こちらの極には「人工」があり、あちらの極には「自然」がある。こちらの極には「思議」があり、向こうの極には「不思議」がある。形なら両極の一方は「四角」であり、他方は「丸」である。色ならそれは「黒」であり、そして「赤」である。素材なら「化繊」であり、逆は「絹」になる。両極を結んだ糸の真ん中から、両極を判別して、その特徴をすくいとることが「対極の美」の創造である。

「両極は決して交わらない。そして混じり合うことも、融合することもない。「極」は極としてのみ存在する、絶対的な存在である。極言すれば、両極は交わってはいけないのである。

赤、緑、青の「光の三原色」は、混ぜると白色になる。シアン、マゼンダ、イエローの「絵の具の三原色」は、混ぜると暗い色になる。「極」である青やイエローを、白や黒に変色させる混合は美しいとは言えない。

空と海は交わらない。森と川は交差しない。四角と丸は線が重なることはない。直方体と球は面が接することはない。

陰と陽も同じである。

極は独りで存在する。

洋服と着物を、洋間と和室を、暖炉と囲炉裏を、スプーンと箸を融合させるとどうなるか。奇天烈なものしか生まれない。

和は一方の極。洋は他方の極である。

対極の思考をはっきり自覚したのは、妊娠と出産を経験した一九八〇年から。私は四十歳になっていた。

病院で妊娠を告げられて数カ月すると、おなかが丸くなってきた。片手で叩くと、スイカを叩いた時のようにポンポンと軽い音が返ってきた。子宮を満たす羊水に生命《いのち》が浮いている。人間の手で作れないものが私の中で生きている。不思議で仕方なかった。人工物の対極にあるのは自然物、無機物の反対側にあるのは有機物、広い宇宙のこちらの極に存在するのは生命、あちらの極にあるのは……絶対的存在。神……。

私たちの生きる宇宙は、子宮に存在すると確信した。丸い形から離れられなくなった。球から逃れられなくなった。丸を主題にした服ばかりをデザインした。それはしばらく続いた。

丸は完全である。太陽も、地球も、月も丸い。惑星は岩石惑星であれ、ガス惑星であれ、氷惑星であれ、どれも球形である。自然が作るもの、自然にあるものは丸ばかりである。私たちは自然を模倣して完全な丸や球を生み出そうとする。しかし、完全に再現することは難しい。特に観念の世界ではそうである。

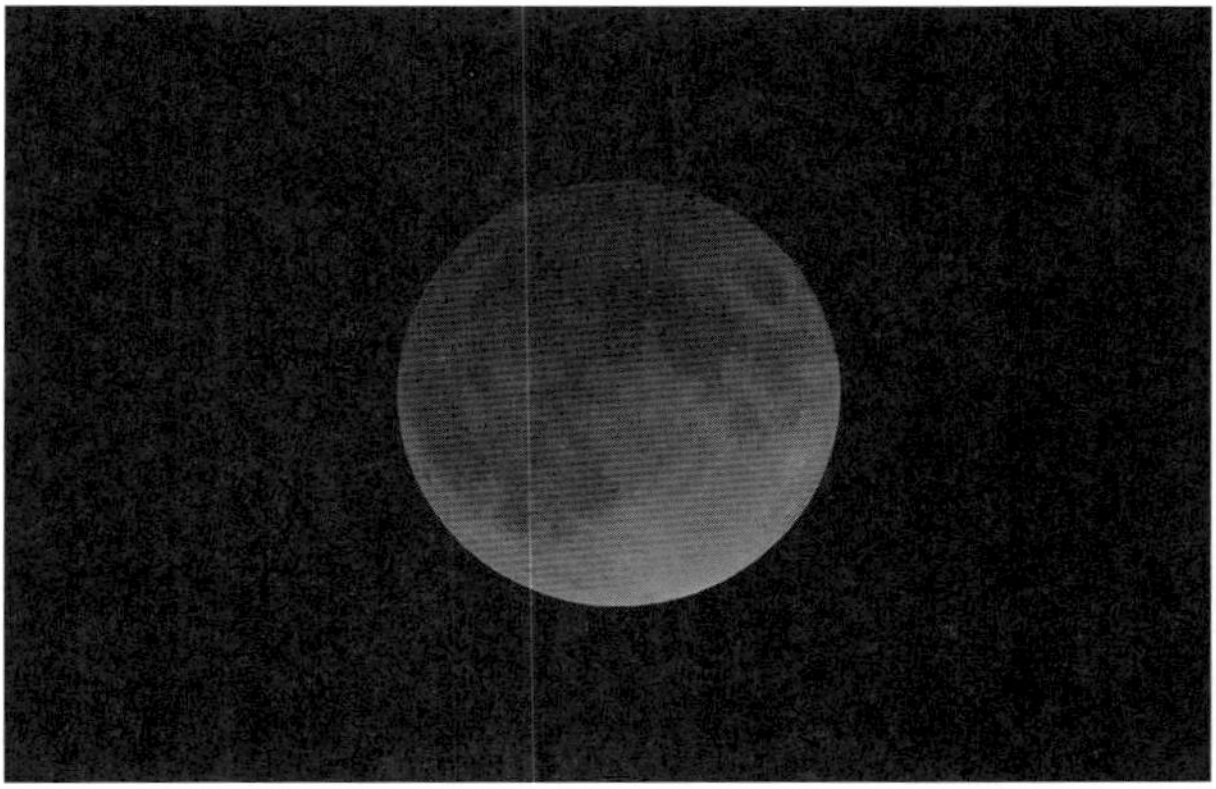

「自然も人間も、そのGENTENは丸である」写真は皆既月食
Ⓒ国立天文台

私たち人間は不完全である。

丸は安定と調和を表し、無限と永遠を意味する。

四角は変動と間隙を表し、有限と刹那を意味する。

丸は自然であり、四角は人工である。

一定の体積で、表面積が最も小さくなる立体は、球である。一定の表面積で、体積が最も大きくなる立体は、球である。

四角の思議に対して、丸は不思議である。

冬眠する動物は、体の面積を小さくすることで放熱を減らす。だから丸まって冬眠するのだと昔、学校で習った。

細胞の核が丸いのも、最も安定した形状だからである。これも昔、学校で習った。

そもそも、人間の身体は丸い。

目は丸い。

卵子は丸い。

精子の頭は丸い。

絶対的存在のなせる御業《みわざ》は、美しい丸を選んでいる。

では人間は何を作れるのか。

人間の作るものは、四角であり、直方体である。

私たちは四角のブロックを組み合わせ、接合することにより、大きなかたまりを作っていく。それが建築や都市の人工物になる。四角は合理的である。そして機能的である。

丸はぴったりと接合させることができない。球形をつなごうとすると、隙間が生まれる。隙間は不完全の象徴である。絶対的存在のなせる御業の対極に位置する。

確かに、円卓を隙間なく並べて使う人はいない。

丸は転がっていく。

丸は自由である。

ほかのものとは連動しないし、決して和合しない。

丸は毅然としている。

面白いことに気づいた。

尺度を測る物差しは、丸には使えない。

丸に使えるのは巻き尺。テープメジャーである。

丸い人体を覆う服は、制作過程でテープメジャーを使う。直線を測る物差しや定規と同じ存在感をテープメジャーは発揮する。ファッションは、丸とも相性がいいのである。

ファッションは、合理の極にはない。不合理の極にもない。両極を結んだ糸の真ん中にファッションはないだろうか。

筆者が2024年に新宿パークタワーで開いたショー。「ショーはスペクタクルでなくっちゃ、面白くない」　© Toshihiro.Tani

神の御業と、人間の技の間に、絶対的にかつ相対的に存在する。それがファッションであり、デザイナーである。

第二章　GENTENは現点、あるいは未来芸術

私はデザイナーである。

私は自らをファッションデザイナーとは言わない。また、ファッションデザイナーと呼ばれたくはない。

三宅一生氏（一九三八〜二〇二二）も同じ考えだった。

彼が東京ミッドタウンにデザイン文化の拠点「21_21 DESIGN SIGHT」（トゥーワン・トゥーワン・デザインサイト）を二〇〇七年に創設した時、オープニングレセプションでその話になった。

「肩書であるファッションデザイナーに、『ファッション』の言葉はない方がいい。いや、むしろ、『ファッション』の言葉を取りたいよね」

彼に水を向けられ、「そう、思う。ずっと、そう思ってきた」と私は答えた。

三宅氏とは、彼が多摩美術大学の学生だったころから親交があった。友人であり、ライバルであり、同志であった。一歳年上の彼を「イッセイさん」といつも呼んでいた。振り返ると、あれが二人だけで交わした最後のやりとりだったように思う。

「21_21 DESIGN SIGHT」は、デザインを文化と位置付け、その未来を創造していく「場」であり、所蔵品はないと三宅氏から聞かされた。新しいスタイルのデザインミュージアムであると、彼は語っていた。

日本にデザインミュージアムを造ろうと呼びかける三宅氏の投稿が朝日新聞夕刊に掲載されたのは、二〇〇三年一月二十八日である。

「バブル経済の崩壊から約10年がたつ。お先真っ暗にも見えるが、どこかに、この状況を打開する道がみつかるかもしれない。自信を失った国に希望があるとすれば、『想像力』さらに言うなら『デザイン』の四文字がその鍵を握っている」と投稿記事の冒頭に書かれ、「独創的なアイデアや技術、それにカタチを与えるデザインに対し、今の日本人はあまりにも無頓着である。オリジナリティーのあるデザインによって、生活がうまく機能し、ひいては文化的、精神的な豊かさが育つことを、もっと意識すべきだ。有名ブランドばかりを追い掛けていては、何も始まらない」とあった。デザインミュージアムにかける意気込みが伝わってきた。

そして、私の方である。

私のデザイン哲学である「対極の思考」に照らせば、文化の対極にあるのは経済である。文化は〈陽である私〉のデザイン領域、経済は〈陰である私〉のビジネス領域にそれぞれ入る。文化と経済を両立させながら、どちらも飛躍させる活動ができないだろうか。文化的に成功し、かつ経済的に成功する活動を目指して、「アールフチュール研究会」を発足させた。バブル崩壊による景気後退真っただ中の一九九一年九月のことである。

文化が隆盛すると、経済が繁栄する。

経済が発展すると、文化が繁盛する。

古代ローマ時代のローマや、ルネサンス時代のフィレンツェのように、文化と経済が反比例の関係にあるのではなく、正比例の関係にあることを私は日本で証明したかった。そして、現在のフランスと肩を並べる「文化先進国」に日本を押し上げたかったのである。

私は五十二歳になっていた。デザイナーとして脂が乗り、円熟期を迎えていた。

フランス語のアール・フチュール（art futur）を直訳すれば「未来芸術」となる。それは、芸術による新産業革命と、芸術を通じた日本のアイデンティティー回復を意味する。国際社会から張られたレッテル「顔のない日本」「顔の見えない日本」に、麗しい容姿を与える文化経済活動を指す。

音楽家の三枝成彰、一橋大学教授の伊丹敬之、国際日本文化研究センター教授の芳賀徹、東京大学教授の月尾嘉男、東京国立近代美術館館長の植木浩の各氏（いずれも当時）らが賛同し、アールフチュール研究会の活動をけん引してくれた。産業界からはアサヒビール社長の樋口廣太郎、イトーキ社長の三田村之弘、鐘紡常務の石坂多嘉生、神戸製鋼所副社長の福川伸次、東武百貨店副社長の根津公一、ＮＥＣ常務の鈴木祥弘の各氏（同）らが協力してくれた。

デザイナーはアイデアや考えをカタチにしなければならない。月例の勉強会などで積み上げた議論を具体的なカタチやモノにし、広く知ってもらう必要があった。そうでなければ取り組みは、ただの観念論で終わってしまう。

パリのホテルで開かれた日本経済新聞社主催のフォーラムに、パネリストとして出席したのをきっかけに、同じパリで「対極展―芸術と機能の世紀末大接近―」を開くことになった。会場はモンテーニュ通りにあった私のギャラリーである。会期は一九九二年三月十七日から一カ月。アールフチュール研究会が課題に掲げる「アートと機能の共存共栄」をカタチやモノで見せるのが最大の狙いだった。

同展に参加したのは、日本側から私と三枝氏。フランス側から世界的な彫刻家のセザールとベルナール・ヴネ、シャルル・ド・ゴール国際空港第1ターミナルを設計した建築家ポール・アンドルー、Bunkamuraをデザインした内装建築家ジャン・ミシェル・ヴィルモットの四氏である。

セザール氏は「ターブル・エクスパンシオン（拡張）」と題した家具を出品した。ヴネ氏は重さ二トンを超える彫刻的な家具を、アンドルー氏は自然の景観と建築物を融合させた京都久美浜リゾート計画の模型をそれぞれ展示した。ヴィルモット氏は機能的で

筆者がデザインしたテーブル　　© JUNKO KOSHINO

美しいソファやテーブルを持ち込んだ。一方、三枝氏はバックグラウンドミュージックに雅楽器を使った曲「笙83」を提供し、私は赤と黒、丸と四角、光と影を主題とするテーブルを出品した。

私と三枝氏だけではなく、フランス側の四氏も「対極」についての考えを深く掘り下げた。セザール氏は「それは圧縮であり、拡張であり、さらには詩想としての素材を意味する」と述べたのに対し、ヴネ氏は「感性であり、プラグマティズムである」と言った。アンドルー氏は「コントラストであり、統合である」と強調したのに対し、ヴィルモット氏は「東洋と西洋を意味する」と語ったのである。どの考えも刺激的だった。

私は同展を通じて、「対極の思考」が「未来芸術（アール・フチュール）」と同期するとの確証を得た。それは私の自信につながった。同展から三カ月後、今度は東京都内で、日本経済新聞社の主催により、アール・フチュールのシンポジウムが開かれた。私にとっては、いわば、凱旋企画であった。

時代は「経済か文化か」という二者択一から、「経済も文化も」という両者選択の道へ確実に歩みだした。それは私にとって「両極共存」「対極繁栄」を意味したのである。フランスの女性ファッション誌「ル・ジャルダン・デ・モード」が「対極展」の開幕前に、記事を掲載した。内容はこうである。

小柄で丸く元気なコシノジュンコは、日本では三十二のライセンス契約を交わし、紳士向け、十代向け、さらには細身の若い女性向けの服など幅広いブランド展開をしている。東京ではレストランの内装を手掛け、韓国や中国にも進出している。スポーツチームのスポンサーに関わり、東京でのオペラ「魔笛」公演の衣装デザインを担当するなど、活動範囲は多様である。

クリエーター魂を持ち、現代美術への深い情熱を持つコシノジュンコは、ここ数年、まったく異なった精神（エスプリ）によるアプローチでパリコレクションに臨んでいる。

パリのモンテーニュ通りにあるコシノジュンコのブティックは、「アートを新たに試みるアベニュー」だと言うことができる。そこにはメタリックな陶磁器や、白黒の幾何学模様をあしらった一九九二年夏向けコレクションや、漆のオブジェが展示されている。

ある種、貴重な証しとも言える本漆の箱。さらには手軽でカラフルな皿や鉢が、並べられている。これらは、数カ月後に開店するニューヨークの彼女のブティックにも置かれる予定だ。

ルーブル美術館の特設テントで開かれるパリファッションウイーク（パリコレクション）に先立ち、コシノジュンコの第三の側面を垣間見ることができる。各方面の才能を集めるため、彼女は彫刻家セザール、建築家ポール・アンドルー、さらにはベルナール・ヴネ、ジャン・ミシェル・ヴィルモットなどにモンテーニュ通りの展覧会参加を提案した。これを受けて、セザールはテーブル、アンドルーは設計写真、ヴィルモットは家具、ヴネは彫刻を出品し、コシノジュンコは最新の家具シリーズを展示する。同様の展覧会を日本で近く開くことを考えていると彼女は言う。モンテーニュ通りの展覧会は三月十七日から四月十七日まで。タイトルは「アール・ドゥ・フチュール（未来のアート）」である。

同展には日刊紙フィガロをはじめ、フランスのマスメディア十六社十七人が取材に訪れた。

アール・フチュールを全国に広げて日本に根付かせるには、「対極の思考」を軸に未来芸術の概念化を推し進めていく必要がある。私はそう思った。

当時まとめた一枚のメモが手元にある。「アールフチュール　コンセプトの構造」のタイトルが付いている。

「成熟社会の中にあって、企業が創りあげてゆく製品は、いま、商品となり〈作品〉

への領域へアウフヘーベンしつつある。その作品のアイデンティティーをARTFUTURという美術的総合デザインムーブメントを通して創りあげる」

哲学の弁証法で使われる用語「アウフヘーベン」を記していることに、ある種の気負いが自分にあったことが感じられる。アウフヘーベンは、止揚《しよう》と訳され、物事を否定し、高めて、そして保存する、その統合過程と結果を指す。ヘーゲル哲学の核心である。商品やサービスをそれがとどまっているビジネスの世界から引き出し、いったんは否定しつつも、それらのうち作品性のあるものは芸術の世界にまで高め、そこに留め置く必要がある、ということを言いたかったのである。

別の表現を使えば、「生活表現哲学」を模索し、実現したかったのである。

メモにはさらに「未来美の創造的啓示／人間にとって心底快適なフォルム／創造のためのデザイン発想」とつづられ、この後に、目標として「デザインの未来宣言」と書かれている。

フランスのマスメディアは、「デザインの未来宣言」につながるビジネスの活動を「技術道」と呼び、芸術の活動を「芸術道」と呼んだ。日本の「柔道」「武士道」が好きなフランス人らしい発想である。彼らには武道の柔道をスポーツにまで高めたという自負がある。そして、柔道とジュードー（JUDO）は対極に共存している。礼を重んじる柔道と、スポーツを楽しむジュードーの対極共栄である。私が目指してきたのはこれなのである。つまり、「技術道」と「芸術道」の両極共栄である。

私の提唱するアール・フチュールの運動は、バブル経済が崩壊し、世紀末が迫る時代に生起するのがふさわしかったのである。「新しい芸術」を意味するアール・ヌーボーも、十九世紀の末に生起した。日本美術商ジークフリート・ビングが一八九五年、パリに開いた装飾芸術ギャラリーの店名に由来するアール・ヌーボーは、日本文化に影響された経緯がある。絵画優先の芸術ヒエラルキーを解体し、新しい造形の創造を目指し、芸術家の個性を重視した運動は、アール・フチュールにとってよい手本であった。

東京初のコンサート専用ホール「サントリーホール」が一九八六年十月、開館した。それに先立ち、一九七九年二月には「サントリー学芸賞」「サントリー地域文化賞」が創設され、社会・文化の独創的で優れた研究・評論活動や地域文化の発展に貢献した活動が顕彰されるようになった。文化が都市空間に躍り出たのである。東京・渋谷には一九八九年三月、日本初の大型複合文化施設「Bunkamura」が誕生した。

社会・文化・芸術・スポーツに関連するイベントや興行は従来、全国紙、地方紙を問わず新聞社が担うことが多かった。絵画展からクラシックコンサート、文学賞まで、新聞社が主催・共催し、プロ野球の興行にオーナーとして影響力を発揮したのである。それがサントリーや東急グループの企業メセナ（企業の芸術文化支援活動）によって、大きく変わり始めたのであった。後押しをしたのはバブル経済であった。

アール・フチュールは、企業メセナの潮流から外れていた。企業メセナはあくまでも芸術文化支援活動だったからである。私たちの挑戦は芸術文化運動であった。百年前に柳宗悦・河井寛次郎・浜田庄司の三氏らが進めた生活文化運動「民藝運動」の芸術・文化版だと言えなくもない。

Bunkamuraの誕生から八カ月後、アサヒビールの本社ビルが東京・吾妻橋に完成した。隣接する「スーパードライホール」の屋上には、金色の炎のオブジェが輝いていた。フランス語でフラムドール。本社ビル、ホール、オブジェを設計したのはフランスのデザイナー、フィリップ・スタルク氏である。当時社長だった樋口廣太郎氏は、多くの候補者の中から私の紹介したスタルク氏を選んだ。

二十二階建てのアサヒビール本社ビルは、隅田川の右岸から眺めると、琥珀《こはく》色のガラスと頭頂部の白い外壁により、泡があふれるビールジョッキを表現しているのが分かる。口の悪い人はフラムドールを「金のうんち」と笑う。しかし、サントリーホールと同様、東京の新名所になったのである。

樋口氏は、私のよき理解者であり、アール・フチュール運動の担い手でもあった。住友銀行の副頭取時代に彼から突然、電話があり、私の自宅を見学したいと言った。一九八〇年代前半のことである。テレビで放送された私のマンションに興味を持ったというのが理由であった。機能的で、美しい建築空間が特徴の自宅は、建築前に購入し、事前のプランを変更して、八階と九階の二フロアを吹き抜けのメゾネットにした。吹き抜けの空間を利用し、桜の大木を据えた。樋口氏は電話の翌日に訪ねて来た。開口一番、「金のかかっていない家やな」と笑った。それ以来、親交が深まり、いつの間にか、私にとって恩人になってしまったのである。

樋口氏は大のオペラ好きで知られた。私と付き合いがあった世界三大テノールの一人、プラシド・ドミンゴ氏を紹介したり、ドミンゴ氏のコンサートに招いたり、男二人の結びつきを強める場を設定したりした。それが縁となり、その後のドミンゴ氏の来日公演に全面協力してくれることになったのである。一九九九年七月、アサヒビールの会長職を退任したばかりの樋口氏は、新国立劇場運営財団の理事長に就いた。新国立劇場は日本初の本格的オペラハウスであった。「逆境こそチャンス」を合言葉に、合理と人情を大切にする挑戦者の樋口氏から、私はビジネスの楽しさと深さだけでなく、デザインに関わる建築空間や都市空間についても学んだのである。

三宅一生氏は一九七三年にパリコレクションデビューを果たした。私のデビューは一九七八年である。二人の親友だった高田賢三氏（一九三九〜二〇二〇）はそれより早い、一九七〇年のデビューだった。三宅氏は私と同様に春夏・秋冬の各コレクションをデザインしながら、寝食を忘れてデザインの未来について考えたはずである。実際、三宅氏のデザインミュージアム構想の布石は、二〇〇四年二月に設立された「三宅一生デザイン文化財団」によって打たれたのである。朝日新聞への投稿からわずか一年しかたっていなかった。

同財団の創立者メッセージを、三宅氏は次のようにまとめた。

もともと日本人は、創意工夫をこらし、粘り強い研究開発を行うことによって、精度の高いモノづくりの技術と独自の美意識を育んできました。

私たちの国のこのような伝統は、テクノロジー社会といわれる今日も生き続けています。私たちがこれまで45年以上に及んで手がけてきた衣服デザインの仕事の中にも、伝統的な染め・織・和紙加工などの技術や職人魂の支えがあり、そこから多くの発見や開発が生まれています。

公益財団法人三宅一生デザイン文化財団がとりくむ大きな課題の一つは、日本文化に根ざしたモノづくりの道筋を示し、そのプロセスやノウハウを公開しつつ、世界をリードするデザイン環境を創りだすこと。さらに、資源の乏しい国としての生き方の提案や、疲弊する産地を立て直す方策を考えることなども課題に含まれています。そのためにも伝統の上に、時代に即したイノベーションの追求が必要です。

弊財団は、デザインの喜びや可能性を人びとに広く伝えていくことを目的とし、今後もさまざまな企画を通じて社会に貢献してまいります。


この三宅氏の言葉は、私の「対極の思考」とどこまでも響き合う。

そうなのだ。

デザインは、喜びと元気と未来を人びとに与える。

デザインは、新しい生活を人びとに提案する。

カタチ、モノ、コトは、デザインを通じてのみ、商品・サービスから「作品」に飛翔する。


民藝運動の提唱者である柳宗悦氏の論考「雑器の美」（一九二六年）の下りを、二十一世紀の日本に即した「デザインの美」に書き換えなければならないと思う。私なら次のように直す。

デザインはモノ・コトにおいて凡《すべ》ての仮面を脱ぐのである。それは用の世界である。実際を離れる場合はない。どこまでも人々に奉仕しようとて作られたモノ・コトである。しかし実用のものであるからといって、それを物的なものとのみ思ふなら誤りである。デザインされたモノ・コトではあらうが心がないと誰がいい得よう。忍耐とか健全とか誠実とか、それらの徳は既にモノ・コトの有《も》つ心ではないか。それはどこまでも地の生活に交はるモノ・コトである。しかし正しく地に活くる者に、天は祝福を降すであらう。よき用とよき美とは、叛《そむ》く世界ではない。物心一如であるといい得ないであらうか。

原文（岩波文庫『民藝四十年』所収）はこうである。

「（前略）工藝は雑器において凡ての仮面を脱ぐのである。それは用の世界である。実際を離れる場合はない。どこまでも人々に奉仕しようとて作られた器である。しかし実

筆者がデザインした器　© JUNKO KOSHINO

用のものであるからといって、それを物的なもののとのみ思ふなら誤りである。物ではあらうが心がないと誰がいい得よう。忍耐とか健全とか誠実とか、それらの徳は既に器の有つ心ではないか。それはどこまでも地の生活に交はる器である。しかし正しく地に活くる者に、天は祝福を降すであらう。よき用とよき美とは、叛く世界ではない。物心一如であるといひ得ないであらうか。（後略）」（傍点は筆者による）

柳氏も一世紀前に、「対極の思考」を意識していたのである。これから一世紀の時が流れたとき、アール・フチュール運動の精神はどんな花を咲かすのだろうか。

第三章　ＧＥＮＴＥＮは玄天、あるいは共時的

点をつなぐと、線になる。
線をつなぐと、面になる。
面をつなぐと、立体になる。
では、何をどうつなぐと、球になるのだろう。

球の中心から同じ距離にある点を集める。これは点をつなぐこと。
一つの円を回す。これは円をつなぐこと。
面を曲げていく。これは面をつなぐこと。

これで果たして、球はできるのだろうか。

「玄天」とは、私にとって宇宙のこと。カタチで言えば、円や球のこと。デザインはそれに迫ることである。

点を作り、線を作り、面を作っても、球は簡単には作れない。しかし、それは観念の世界の話になってしまう。３Ｄプリンターを使えば、現在は、あっと言う間に球を作ることができる。技術は観念に勝るのである。とはいえ、観念が技術に屈服するわけではない。それらもまた、対極にあるのである。

「原点」は過去を意味し、「現点」は現在を表す。そして「玄天」は未来を示す。

原点と現点と玄天は、時の流れによってつながる。そして時を超えることにより、原点と現点と玄天は、同時に存在する。それは共時的になる。時は止まるのである。構造が浮かび上がるのである。デザインは、過去と現在と未来を凝縮する。

デザインが「喜びと元気と未来」を人びとに与える時、デザインは通時的に時を取り戻し、かつ、共時的に時を超えるのである。

そして、通時的と共時的は対極にある。

親友のイラストレーター宇野亞喜良氏は「イラストレーションというのは、自分の思想ではなく、人の意思、考えていることをどう視覚化するか」だと言う。それは仕事の相談や依頼を受けてから、イラストの構想を練り始めるからである。ファッションにおいても、ユニフォームや制服のデザインは、顧客の意思が尊重されるなどさまざまな制約があることから、受注制作型のイラストに近くなる。

それに対して、パリコレなどコレクションの発表は、デザイナーに自由裁量がある。画家に近い自由制作型である。

実は、画家も古くは受注制作型であった。レオナルド・ダ・ヴィンチの傑作「最後の晩餐」は、ミラノ公ルドヴィーコ・スフォルツァの依頼により、サンタ・マリア・デレ・グラツィエ修道院の壁画として描かれているのである。

受注制作型と自由制作型に優劣があるわけではない。この二つも対極にある。もちろん、現実には、いろいろなタイプの制作スタイルが、両極の間に広がっている。
私がデザインを依頼されたのは、舞台衣装、コスチューム、ユニフォーム、作業着、インテリア、パッケージ、エンブレム、工芸品など、数え上げれば切りがない。その中には、東日本大震災の被災地復興支援や外国との文化交流事業、大学の講義、各種審査委員、花火も含まれる。

デザインはそもそも、人びとの生活スタイルを提案することである。「喜びと元気と未来」を与えるデザインは、人びとの暮らしに深く関わる。

一九七〇年に開催された大阪万博では、パビリオンのペプシ館、タカラ・ビューティリオン、生活産業館の各ユニフォームを担当した。ペプシ館は作曲家の一柳慧氏から、タカラ・ビューティリオンは建築家の黒川紀章氏から、生活産業館は通産官僚の堺屋太一氏からそれぞれ直接、制作を頼まれたのである。来場者がコンパニオンの着るユニフォームでパビリオンを判別できるかどうか、さらに、パビリオンの設定したテーマへの理解を促せるかどうか、スポンサーである企業・団体をイメージしてもらえるかどうかが、デザインのカギを握っていた。視覚の機能である。それがデザインを進める際の必要条件であった。

ペプシ館は真っ赤なロングコートとミニ丈のワンピースでまとめた。タカラ・ビューティリオンはビビッドなイエローのパンツスタイルに仕上げた。そして、生活産業館は、濃紺のネクタイを合わせた白のワンピースで構成した。時代はミニスカートだった。若さと情熱がほとばしるミニスカートのユニフォームは、高度成長をまい進する日本にふさわしかった。そしてチャーミングであった。

生活産業館のユニフォームをめぐって意見の食い違いがあった。当初は、コバルトブルーの地下足袋型ストレッチブーツをユニフォームに合わせるつもりだった。ワンピースのほかにパンツも作り、パンツルックには帽子の代わりに、おかっぱのウイッグを頭に着けてもらう予定だった。デッサンをプロデューサーたちに示したところ、「斬新でかわいい」と私が信じた内容は通じず、却下されてしまったのである。

生活産業館のテーマは「朝な夕な…」「日常生活の中に夢と希望がいっぱいあふれる」であった。ただ、参加者が二十八の企業から成る財団法人・万国博共同出展協会だったことから、コンパニオンは企業の幹部の令嬢がほとんど。「地下足袋は履かせるわけにはいかない」と反発を食らってしまったのである。私は一計を案じた。「地下足袋」の言葉は使わず、シューズのつま先を割れているように見せて、何とか取り繕うことができた。

私が最初にデザインしたコスチュームは、歌手の布施明氏のステージ衣装であった。東京・外苑前に開いた最初の独立店「コレット」に、交流のあった布施氏が来店したのがきっかけであった。彼のラテン系ハーフの容姿に合うように、フリルやバラの刺しゅうが付いたコスチュームを作った。一九六六年のことである。ユニセックスの先駆けだった。私の裁量が発揮されたと言えるだろう。

布施氏が所属する芸能プロダクションから間もなく連絡があった。近くデビューするザ・タイガースのステージ衣装を作ってほしいと頼まれた。ザ・タイガースは、沢田研二氏がボーカルを務めるグループ・サウンズ（GS）のバンド。楽曲「僕のマリー」で一九六七年にデビューし、「モナリザの微笑」「君だけに愛を」などのヒット曲を飛ばすことになる。メンバーの長髪を引き立てるピンクのフリル付きブラウス、金モールを派手に施した怪しいジャケットなどをデザインした。同じGSのザ・スパイダース、ザ・カーナビーツ、ザ・ゴールデン・カップスなどのコスチュームも引き受けた。

男性とも女性とも判別のつかない、私の醸し出す「中性的なオシャレ」の世界がそこに広がっていた。つまり、ジェンダーフリーである。

私が性にこだわらないのには理由がある。私のふるさとである大阪府岸和田市の「岸和田だんじり祭」に、小学生から高校生まで参加していたからである。この日本を代表するけんか祭りでは、毎年のように死傷者が出る。私は若衆に交じり先頭でだんじり（山車）の綱を引いた。私は誰にも負けないおてんばだったのである。さらに、デザインを学んだ文化服装学院（東京・代々木）で切磋琢磨した親友が男性中心だった。高田賢三、松田光弘、金子功、そして北原（黒田）明子の各氏で、のちに私を含めた五人は「花の九期生」と呼ばれることになる。男らしさや女らしさは眼中になかった。五人の作風は性差を超越していた。私たちにとって重要なのは、カッコイイかどうかだったのである。

俳優の加賀まりこさんの案内で、作詞家の安井かずみさんが「コレット」を訪れたのは一九六七年である。彼女との出会いが、私の人生の歯車を大きく回すことになる。安井さんは、伊東ゆかりさんの歌う「おしゃべりな真珠」で一九六五年に日本レコード大賞の作詩賞に輝いていた。その後も、小柳ルミ子さんの「わたしの城下町」をはじめ、沢田研二さんの「危険なふたり」、西城秀樹さんの「ちぎれた愛」、郷ひろみさんの「よろしく哀愁」などのヒット作を手掛けることになる。私は同い年の安井さん、四歳年下の加賀さんと意気投合し、三人で連日、六本木や赤坂で遊び回ったのである。

そのころに出会ったのが、俳優の峰岸徹氏、大原麗子さん、小川知子さん、歌手の井上順氏、かまやつひろし氏、映画監督の黒澤明氏、作家の三島由紀夫氏、安部公房氏、建築家の丹下健三氏、画家の岡本太郎氏らである。私の浪費と朝帰りは、芸能人・文化人・デザイナーとの間で広がった交友関係によって、償われたのである。交友関係の輪は、アメリカの人気歌手ダイアナ・ロス氏や彫刻家セザール氏にも広がっていった。

寺山修司氏が主宰するアングラ劇団「天井桟敷」の舞台衣装を任されたことがあった。美輪明宏氏の主演による「毛皮のマリー」で、一九六七年に初演された。宇野亞喜良氏のパーティーで、火のついたローソクを上半身裸の男に垂らす余興を演じたところ、寺山氏から「面白い」と言われ、衣装担当を打診されたのである。

毛皮のマリー役である美輪氏と私はぶつかった。主役が毛皮を着るのは当たり前すぎると考えた私は、ブラックライトが当たると幻想的に光る不織布の衣装を提案したのである。「毛皮のマリーなんだから、毛皮を着るべきよ」と美輪氏は譲らなかった。「衣装は私に任されています」と私は食い下がった。意地と意地がぶつかり合い、言い争った。最後まで固執した美輪氏は、自ら用意した毛皮を着ることになった。私は、毛皮の絡むシーンのクレジットタイトルから、自分の名前を外すよう寺山氏に願い出た。私も美輪氏にまけない意地を見せたのである。

スポーツ関連の依頼も舞い込むようになった。

自動車レースの最高峰であるＦ１のリアル・フォードチームのスポンサーになり、ユニフォームをデザインした。一九八九年のことである。フランスで毎夏開かれるポロの世界選手権で、プロ・アマ混成参加チームのユニフォームデザインを翌一九九〇年から手掛けた。ポロは馬に乗って争う団体球技で、私は同チームのスポンサーも務めた。

スポーツとファッションは親和性が極めて高い。機能的でシンプル、印象が強くてカッコイイがスポーツウエアの条件である。選手がパフォーマンスを最大限に発揮できる素材、カタチ、色でなければならない。オシャレなタウン着になるストリート性も必要である。生涯教育の進展で、スポーツが観戦の娯楽から参加の運動へと変化する一九八〇年代以降、スポーツとファッションは切り離せない関係になっている。私はその先頭を走っていたのである。

プロ野球の巨人軍からの依頼は一九九〇年代初めだった。当時、藤田元司氏が監督を務めていた。球団のイメージアップを図りたいと頼まれ、冬用の公式ブルゾンをデザインした。色はオレンジとゴールドのリバーシブルである。製作はアシックスが担当し、長嶋茂雄氏への監督交代に合わせて発表になった。長嶋氏は「燃える男」と呼ばれていた。そして巨人軍は「常勝集団」であることを期待された。燃える色であるオレンジと、チャンピオンの証しであるゴールドの色を表裏で使ったブルゾンは、長嶋氏の巨人軍に最もふさわしかった。

一九九二年のバルセロナ五輪に出場した男子バレーボール日本代表。彼らのユニフォームについては、規定に従って三種類をデザインした。日出ずる国ニッポンのイメージは太陽であると考え、黄色とオレンジと黒をベースにした。

さらに、三十七年ぶりに日本で開かれた一九九五年の世界柔道選手権大会も担当。大会のシンボルマークである「心」をデザインした。色は、赤から黄へ少しずつ変わるグラデーション。太陽の色が観察される場所によって異なることと、日本の心が世界へ広がっていく様子をデザインに一気に落とし込んだ。同じ年には、Jリーグの人気クラブだったヴェルディ川崎のユニフォームを手掛けた。知り合いだったスター選手、ラモス瑠偉氏が縁で声がかかったのである。クラブカラーは緑。クラブ名もポルトガル語で「緑」を意味する「VERDE」が由来。ユニフォームに描いた曲線の太いストライプ

筆者がデザインしたコレクション　© JUNKO KOSHINO

が特徴で、サッカーボールのカタチやボールの軌道と呼応させたのである。

その後も、卓球、女子ソフトボールなどスポーツ関連のデザインは続いた。

勝敗にこだわるスポーツのユニフォームは、選手にとっては「戦闘服」である。こちらの闘志が相手に伝わらなければならない。中国古代の兵法書「孫子」が言うように、できれば戦わずして勝つのがいい。あまりにも美しすぎて、敵を惑わし、その戦意を喪失させるユニフォーム。それが私の理想である。そして、ファンやサポーターと、選手、フロントが一体になれるユニフォーム。敵の選手とファンに「着たい！」と思わせることができたら最高である。

制服の仕事も一方で、相次いだ。企業や団体が取り組むキャンペーンに合った法被をデザインすることもある。

制服は「企業の顔」である。

顧客と接する機会の多い現業スタッフが主に着ることから、制服を通じて好印象を内外に与える必要がある。できれば、企業風土から商品・サービスまでのイメージを、顧客に膨らませてもらいたい。

制服一つで、まとまる商談もまとまらなくなる。私は自分に、そう言い聞かせている。だから「企業の顔」にふさわしいデザインを考案する際、近江商人の経営哲学「三方よし」を忘れず、企業の沿革や社史を押さえるのである。

「三方よし」は、「売り手よし」「買い手よし」「世間よし」のことである。私にとっては、「自分への貢献よし（自利）」「顧客への貢献よし（利他）」「社会への貢献（公利）よし」ということになる。制服が、社会で活動する企業の「顔」である以上、「社会への貢献（公利）よし」のデザインを心掛けなければならないのである。

ステークホルダーの期待と信頼は、制服にかかっていると言っても言いすぎではない。

それらを制約と受け取るかどうかが、デザインの出来栄えに影響する。「三方よし」を肝に銘じていれば、私が一番嫌う「独りよがりのデザイン」にはならない。制約は、制服の可能性を広げる条件になり得るのである。企業の沿革や社史は、デザインの背景にビビッドに再生される。私の制服を着たスタッフは「喜びと元気と未来」を与えられると同時に、顧客と社会に「喜びと元気と未来」を与える存在に転化するのである。制服のカタチ、色、素材、着心地は社会化されるのである。

静岡県に本社のある航空会社「フジドリームエアラインズ（FDA）」から話があり、客室乗務員の新しい制服を二〇二四年にデザインした。同社の旅客機は、機体ごとに色の異なる「マルチカラー」の小型ジェット機である。路線は、静岡を拠点に地方と地方を直結する。多様・マルチな人材と日本の活力は、地方にあるとの自負が同社にある。運航開始は二〇〇九年七月。社是は「私たちには夢があります」である。会長の鈴木与平氏は「地方を元気にしたい。可能性は十分にある」と言った。

私に与えられたテーマカラーは赤である。初フライトを記録した一号機の機体は、ドリームレッドと呼ばれる赤だった。赤を引き立たせるために選んだ色は、チャコールグレー。初めてパリを訪ねた時に、街を覆っていた色である。赤がメインなら普通、黒との組み合わせを選ぶ。それは夜に映える。しかし、日中には重い。さらに、同社が追求する高品質サービス、航空運送事業に求められる安全・安心・定時運航を反映しなければならない。「洗練」「新たな時代への変化」「チャレンジ」「飛躍」の四つの言葉も与えられた。

定番のスカーフをやめ、初めてストールを採用した。インナーのカットソーと合わせた時に、首回りがエレガントになる。季節や路線によって選択できるよう、スカートとパンツを用意した。素材は植物由来のポリエステル生地である。エプロンは襟付きにした。若い航空会社に似合うスポーティーな感じになった。

「玄天」の宇宙に興味がある。無の対極にあるからだ。
宇宙船にも興味がある。地球深部探査船の対極にあるからだ。
そして、宇宙服にも興味がある。平服の対極にあるからだ。

元宇宙飛行士の山崎直子さんに、私がパーソナリティーを務めるラジオ番組「コシノジュンコ MASACA」（TBSラジオ）に出演してもらったことがある。話を伺い、私も地球を飛び出し、宇宙空間に出てみたいと思った。
山崎さんによると、宇宙船は、打ち上げから八分三十秒で宇宙空間に達する。エンジンが止まると、静寂の世界が広がり、船内の下にたまっていた埃が舞い上がる。その埃は光を受けてきらきら輝く。

宇宙服は、デザインしたことがない。
宇宙船も、デザインしたことがない。

宇宙は、デザインできるはずもない。

手始めに宇宙服をデザインしてみたい。生命維持装置を備え、安全・安心を人類史上限りなく追求した気密服を、この手で作ってみたい。すべての制約を超え、素材も、カタチも、色も、機能も宇宙水準に達してみたい。

NASA（米航空宇宙局）を訪ねた時、パンプキンスーツと呼ばれる宇宙服を着させてもらったことがある。宇宙空間に憧れるとともに、宇宙空間の衣・食・住について考えを巡らせた。

無重力の宇宙空間では、血液が上の方に移動し、顔はむくむ。鼻は水がたまり、鼻づまりのようになったものの、わさびを食べると鼻が通ったと山崎さんは言っていた。

わさび、宇宙飛行、コシノジュンコの取り合わせは妙に合っている。

日本で有人宇宙船の打ち上げ・帰還計画が実現する二〇××年。「JUNKO KOSHINO」の名の入った服を着た宇宙飛行士が、宇宙船に次々と乗り込んでいく。適量のわさびはすでに積載されている。間もなくカウントダウンが始まる。

それを見ている私は、わさびを食べてもいないのに、泣いている……。

新制服デザイン画　　　　　　　　　　　　© JUNKO KOSHINO

筆者が描いたフジドリームエアラインズの

第四章　ＧＥＮＴＥＮは元填、あるいはプロポーズ

人物画は頭から描く。
頭が決まると、全体が決まる。
頭が決まらないと、筆は進まない。
目が大切である。
目は人の精神が宿る。
目が決まると、人物画は完成する。
人物画は、頭と目なのである。
ファッションのデッサン画も、それに従う。

宮本亜門氏演出のミュージカル「太平洋序曲」が二〇〇五年五月、米トニー賞のリバイバルミュージカル作品賞にノミネートされた。宮本氏は、米ブロードウェーに日本人演出家として初めて進出した演出家である。リバイバルミュージカル作品賞は、演劇作品賞と並ぶ主要部門のため、大きく注目される。「太平洋序曲」はこのほか、舞台美術賞、オーケストレーション賞、衣装賞でもノミネートされた。それはいまでも「東洋人初の快挙」と語り継がれている。

舞台美術賞の候補者は松井るみさん、オーケストレーション賞はジョナサン・チューニック氏、そして衣装賞はコシノジュンコである。

宮本氏から衣装デザインの話があった時、私はニューヨークのホテルにいた。「太平洋序曲」に関する知識はなかった。台本が前もって届くことはなく、その後、打ち合わせを兼ねた顔合わせをしたいと言われた。

初回の打ち合わせには、デザイン画を示す必要がある。素材が手元になければ、顔合わせは雑談に終始する。「太平洋序曲」の日本人制作陣は間もなくニューヨークを離れ、日本に帰ってしまう。私に与えられた時間は、二日しかなかったのである。渡されたメモらしきものに従い、登場人物の衣装イメージを考案したのである。

ミュージカルの舞台は江戸末期。若者のジョン万次郎が外国から入国したとして、鎖国破りの罪で幕府に捕まった。万次郎は取り調べに対し、開国を迫るアメリカが日本を急襲する旨を伝える。慌てた幕府は、浦賀奉行所与力の香山弥左衛門に対応を委ねる。万次郎の言った通り、アメリカの黒船が浦賀に姿を現す。香山は、万次郎の助けを借り交渉に臨み、鎖国政策を取り続けることをアメリカ側に必死に伝えるが……。

一気呵成に描いた。

香山弥左衛門。ジョン万次郎。将軍。将軍の妻。老中。たまて。剣士の師範……。アメリカ提督。イギリス提督。オランダ提督。ロシア提督。フランス提督……。ミュージカルは、開国後の日本が明治維新を経て近代化を進め、二度の世界大戦を経験したことまで取り上げている。

香山や万次郎の現代の姿も描かなければならなかった。全部で二百枚ほどになっただろうか。黒ペンで描いた画の服には、一つ二つ、色を付けた。

筆者が「太平洋序曲」の衣装のために描いたデッサン
© JUNKO KOSHINO（以下同じ）

剣士の師範

将軍の妻

たまて

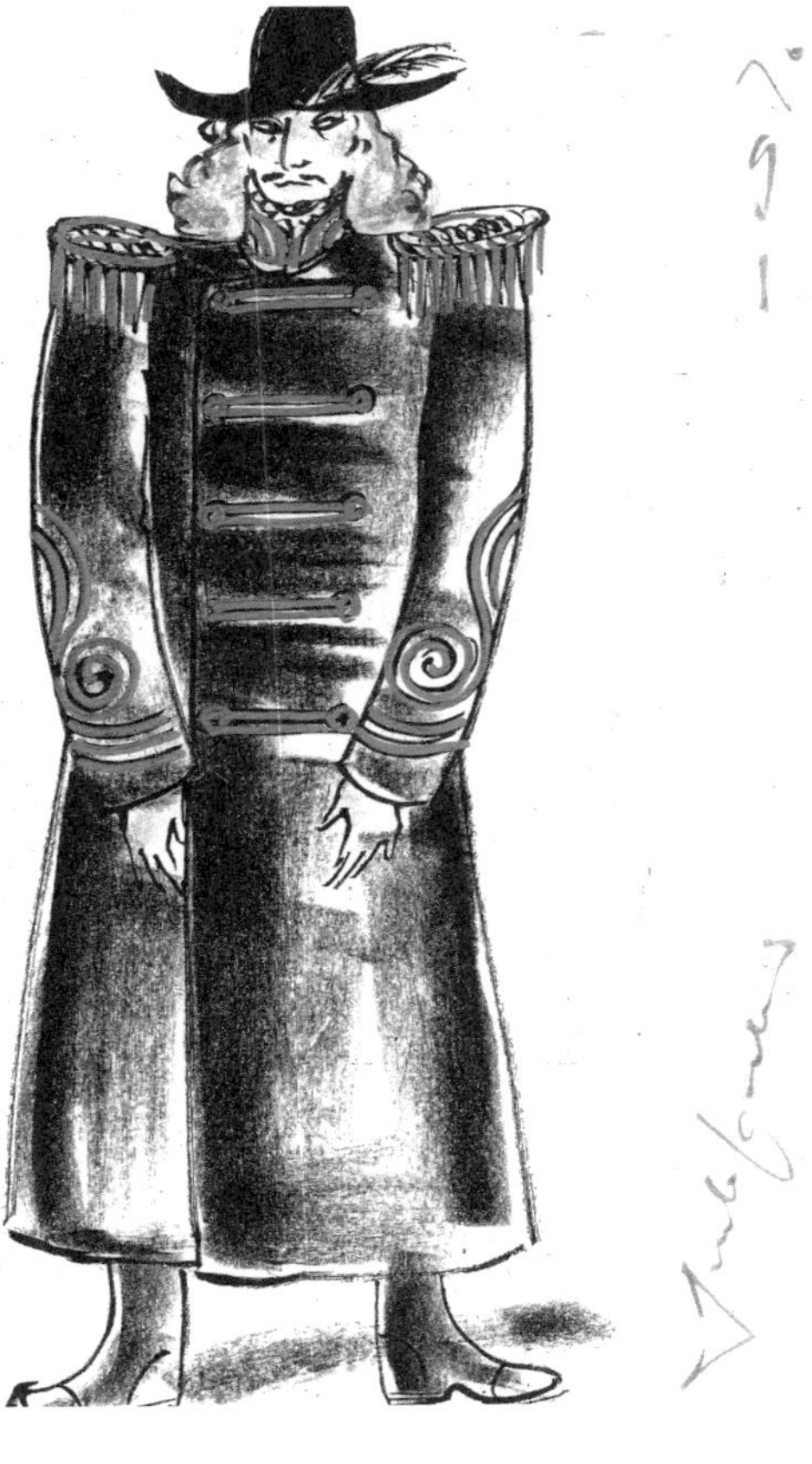
ペラー

イギリス人

万治郎

現代

私には一つの主義がある。

ミュージカルであろうと、演劇であろうと、コンサートであろうと、デザインを発注する制作陣との初顔合わせは、手ぶらでは臨まない。前もって得た情報を手がかりに、自分なりに時代考証などを加え、私の抱くイメージをデザイン画にまとめ上げる。そして、必ず持参し、提案するのである。「受けるよりは与える方が幸いである」を貫きたいのである。

それは、私のサービス精神の表れでもある。


引き受けたデザインを通じて、企業や団体の課題を解決し目標を達成するように、ミュージカルや演劇でも、制作陣の目的を十分に果たす必要がある。受注制作型のデザインの基本である。

これは、ビジネスの世界と似ている。顧客の抱える課題を自社の商品やサービスを通して解決するために提案するのが、提案営業である。顧客の課題を正しく把握し、自社の商品やサービスを使うとどのように課題をスムーズに解決できるかを示さなければならないとされている。

私のデザインするコスチュームによって、舞台世界の可能性がどれだけ広がるかをデザイン画で示すわけである。提案営業により、制作陣と私の距離は縮まり、私も制作陣の仲間入りを果たせるのである。

副次効果もある。

プロデューサーや監督、演出家らと対等の関係を築けるのである。目的やデザインを一方的に押し付けられることはなくなる。なぜなら、最初の話し合いが、私のデザイン画をたたき台にして始まっているからである。私の世界に、彼らはすでに足を踏み入れている。話し合いは一方通行にならずにすむ。私の裁量は確保される。その代わり、私も「やりすぎ」ないよう注意する。私の世界を押し付けてはならないのである。彼らの舞台世界は優先されなければならない。

ビジネスで見られるように、クライアントの要件を無視する強引な提案営業は、商談の機会を奪う。私はそのことをよく知っている。

私が最もうれしく感じる言葉は、「デザインをもう、考えてくださったのですか」である。常に「受けるよりは与える方が幸いである」。これは聖書の言葉であり、私の母である小篠綾子の遺言である。

「まずは提案」の主義が揺らがなくなったのは、パリコレクションに初参加した一九七八年からである。同じ年、実写とアニメを融合させた映画「火の鳥」が公開された。私はその衣装を担当した。原作は手塚治虫、監督は市川崑、脚本は谷川俊太郎の各氏だった。キャストも豪華だった。高峰三枝子、江守徹、草笛光子、大原麗子、林隆三の各氏らが名を連ねた。

ヒミコの時代のヤマタイ国を舞台に、人間の生と死を主題にした映画は、漫画「火の鳥」の第一部「黎明篇」の映画化である。騎馬民族に大陸から攻め込まれたヤマタイ国は、陰謀が企てられたり、殺りくが繰り広げられたりする。市川監督から「きれいな衣装は求めていない。とにかく泥臭くいこうや」と言われ、私は「しめた」と思った。ヒミコの生きた三世紀の服は、誰も見たことはない。自由に考案できると思ったのである。

私はヤマタイ国人のつもりになった。目をつむると、荒涼とした原野にいた。アイデアが湧いてきた。ヤマタイ国は弥生文化の時代にあったとはいえ、一部では縄文文化が残っていた。文化はまだら模様で発展する。狩りをして木の実を採り、動物の毛皮や草木の繊維で織った布を身に着けた人びとがいた。彼らは泥臭い生活をしていたに違いない。考えるより先に手が動いていた。あっと言う間にデザイン画は百枚を超えた。市川監督に見せたところ、「うん、なかなかいい」とOKが出た。

台本は出来上がってこなかった。
台本より、衣装のデザイン案が早く固まったのである。これが、私の主義である受注・提案型デザインの起源である。

OKをもらってからが大変だった。私がオーセンティックにこだわったからである。衣装の制作で、ミシンやはさみは一切使わなかった。自然素材の加工はすべて手作業で進めた。糸は綿毛から撚《よ》る。動物の皮は叩いてなめす。草木や花を染料にして布を染め上げる……。想像以上に骨が折れた。時間と人手を要した。対極の自由は、他方の対極の不自由と背中合わせになっていた。援軍は、私のアトリエのスタッフと、美術大学のアルバイト生たちだった。

撮影が始まっても衣装が完成しない。「まだか」の催促が続く。胃がキリキリ痛む。仕上がった衣装は撮影現場に急いで持ち込む。「出来ました」「まだか」「出来ました」

の繰り返しに、心身の疲労はピークに達した。そしてクランクアップ。私は放心状態だった。

都内のホテルで制作発表が開かれ、手塚氏と初めて会った。握手を求められ、ねぎらいの言葉をかけられた。

「初めまして手塚治虫です。素晴らしい衣装を作ってくださり心から感謝します」

「コシノジュンコと申します。素晴らしい機会を与えていただき、私こそ感謝申し上げます」

筆者が2018年に大阪府庁舎で開催したショー

© JUNKO KOSHINO

第五章　GENTENは現転、あるいはショー

ショーがなければ始まらない。

スペクタクルでなければ進まない。

感嘆の拍手がなければ終わらない。

カメラマンの切るシャッター音がすべての成否を決める。


それがファッションショーである。


私にとってショーはファッションそのものである。「喜びと元気と未来」を伝えるデザイナーの服は、ショーで披露しなければならない。ショーを開かないファッション、展示・販売するだけの服は、カジュアルな世界にとどまるのである。そこに本来のデザイナーは存在しない。服を匿名性から記名性へ転化し解き放つには、ショーを開くしかない。

ファッションショーは、総合芸術のオペラと共通点がある。

どちらも、視覚的な美しさを追求する。観客の目を楽しませるために演出に凝る。音楽と歌手・出演者の演技を調和させるオペラの演出は、音楽とモデルの動きを同調させるショーの演出に通じる。二つは物語性の実現と、観客の心を揺さぶることを目的とする。関係者のコラボレーションが重視される。作曲家、台本作家、指揮者、オーケストラ、歌手・出演者、舞台デザイナーなどが協力するオペラに対し、ショーはデザイナー、モデル、スタイリスト、音響担当、照明技術者などが力を合わせる。両者は、一度きりのライブ開催である。再現性はない。

再現性の有無は、ファッションにとって極めて重要である。作品性の有無につながるからである。再現できる服は、誰が着ても同じ服になる。誰が着ても同じ服は、誰が見ても同じ服になる。それは普段着かカジュアルな服である。匿名性の世界に埋没する。再現性がないからこそ、心が揺さぶられるのである。私が好む「一期一会」とは、そういうことなのである。

生まれ故郷の岸和田だんじり祭も同じである。地区により毎年九月（九月祭礼）か、十月（十月祭礼）に開催されるものの、一度として同じ祭りになったことはない。大太鼓、小太鼓、笛、鉦《かね》を担当する鳴り物係。だんじりの曳き綱の先頭である綱先、中ほどの綱中、しんがりの綱元。コマ（車輪）部分に梃子《てこ》を差し込み、だんじりを制御する前梃子。向きを変える後梃子。屋根に乗り団扇を手に舞う大工方《だいくがた》。観客。天気。事故による死傷者。これらはすべてが一回性である。だから人びとは、だんじり祭に我を忘れて夢中になる。

パリコレクションのデビューは、ライバルに先を越された。

文化服装学院で同じ「花の九期生」だった高田賢三氏は、一九七〇年にパリに進出した。新人デザイナーの登竜門である「装苑賞」を競い合った三宅一生氏は、七一年のニューヨークに続き、七三年にパリデビューを果たした。私を「師匠」と呼ぶ山本寛斎氏も七一年にロンドン、七四年にパリに主戦場を移した。

パリが嫌いだったわけではない。パリの空気を最初に吸ったのは私である。機会がなかっただけである。彼らがパリで活動を始めたころ、私はパリの展示会に出品したことがあった。なぜか気分が乗らなかった。だから東京で足場を固めることにした。転機は一九七七年に帝国ホテルで開いたショー。テーマは「プリミティブ・アメリカ」。アメリカはその九年前に一人で訪れたことがあった。世界に影響を与えたカウンターカルチャーのヒッピー文化を肌で感じるためだった。ヒッピー発祥のサンフランシスコで本物のヒッピーを見た後、ニューヨークを遊び歩いた。期せずしてショーはマスメディアから高く評価され、「パリ進出の機は熟した」と思ったのである。

パリコレクションデビューの日時は、一九七八年十月と決まった。

私は「一番」や「初めて」を誰よりも好む。これは私の性格である。サービス精神と並んで、私をかたち作っている。少女時代、先頭で曳いただんじり。最年少の「装苑賞」受賞。一番乗りのパリ視察。日本初のブティック開業、そしてブティックでの初のショー……。後塵を拝すると、独創性があっても、物まねと批判されたり、創意工夫が欠けていると指摘されたりする。私のデザイン世界を虚心坦懐に評価してもらうには、「一番」であること、「初めて」であることが極めて重要である。高田賢三、三宅一生、山本寛斎の各氏らとの間で取った遅れを挽回するには、パリっ子の度肝を抜くコレクションをパリコレデビューの場で提示しなければならなかった。

ショーに億単位の製作費をかけるハイブランドのデザイナーと違い、私が投じられる製作費は、その数十分の一である。テーマやアイデア、構成を練り、彼ら彼女らと勝負するしかない。ファッションは「総合芸術」である以上、製作費は「総合」の一要素にすぎない。総合力で勝負すれば、おのずと勝機は訪れると私は考える。

よいアイデアは浮かんでこなかった。日本文化について考えを巡らせた。

日本語はもともと、漢字と仮名でできている。中国からの漢字伝来は一世紀ごろと言われている。日本文化の源流を探りに中国へ飛びたいと思った。中国に混乱と荒廃をもたらした文化大革命は、前年の一九七七年に正式の終結宣言が出たばかり。日中国交回復からも、わずか五年しかたっていなかった。

パリコレクションデビューの二カ月前に上海に入り、北京を回った。日本の終戦直後と同じ街の色をしていた。三原色のレッド、グリーン、ブルーをはじめ、彩度の高い色や生気を感じさせる色はどこにもなかった。文化大革命は、社会や文化、政治や経済を沈んだ灰黒色に染め上げてしまったかのようであった。人びとは無地のカーキか紺か、緑の人民服を着ていた。

コレクションの素材は見つからなかった。

北京から日帰りで万里の長城へ足を伸ばした。帰りのタクシーでラジオから流れてきた調べに心を奪われた。運転手に尋ねると、ヤオ族の「瑶族舞曲」だと紙に書いてくれた。ヤオ族は、華南地区の山地に暮らす少数民族。テンポがよく明るく、それでいて何とも言えない懐かしさがある。漢民族を世界の中心に置く中華思想は、時と空間を自在に操り閉じ込めようとするのに対し、文化大革命で抑圧された少数民族の舞曲は、時と空間を解放しようとする。私はそう理解しながら、ヤオ族の調べに身体を揺らし、自分の中に流れながら広がっていく時と空間について考えたのである。

東洋の神秘と西洋の合理、少数民族と文化大革命、知識人と紅衛兵、異民族と漢民族、始皇帝と武帝、伝統と新奇などの対立概念が浮かんでは消えた。私はすっかり「瑶族舞曲」に囚われてしまったのである。北京の人びとにこの舞曲のレコードがないか聞いた。本屋で探し当てた。「幸福年」のタイトルがあるアルバムに入っていた。啓示だったかもしれなかった。初のパリコレクションは、ヤオ族の舞曲と共に参戦することにした。

パリコレクションまでに残された時間は二カ月。招待状はマスメディアやバイヤーにインパクトを与え、かつ東洋を意識してもらうために、赤地に黒と金の飛竜をあしらい、「JUNKO」と黒で記した。私の大胆と細心を共存させた構図である。それにダイアナ・ロスやセザールらの推薦文を添えた。

ショーの前評判をどうしたら高められるか。デザイナーはそのことに頭を痛める。カギを握るのは、インビテーションカードである。期待感を抱いてもらう手段となる。招待状はショーの前振りなどでは決してない。招待状を郵送した瞬間から、デザイナーにとってショーは始まる。ショーが満席になるかどうかは招待状次第と言っていい。陳腐な招待状では客が来るはずもない。人びとの心を動かすデザインは、インビテーションカードにも欠かせない。

ショーは、丸刈りにした二人の男が打ち鳴らす銅鑼《どら》の音で始まった。会場はナイトクラブの「テアトル・ル・パラス」。モデルが次々とステージに現れては消えていく。彼女たちがまとうのは「プリミティブ・オリエンタル」と名付けた私の新作。プリーツを生かした円形のロングスカートを広げると、羽を広げた孔雀のようになる。カメラマンのシャッター音が会場に響き、フラッシュが連続でたかれる。

エキゾチックなショーがドラマチックなスペクタクルになるよう、心を砕いた演出や会場設営に抜かりはなかった。

平凡は私には似合わない。非凡をどこまでも貫きたい。それが私のスタイルである。

ファッションショーの成否は、カメラマンのシャッター音で判別できる。シャッター音の嵐が起きたら、ショーは成功。シャッター音が沈黙を続けたら失敗。細長い舞台（ランウェイ）先のカメラマン席に陣取る目利きの彼らが、デザイナーに対する生殺与奪の権を握っている。彼らの審美眼は鋭い。何千というショーをファインダー越しに見てきただけに、ショーを難なく比較できる。そして彼らは無礼である。ショーが面白くないと判断したら、撮影をやめてカメラをバッグに収め始める。ショーが途中でも帰り支度をするのである。

デザイナーは、カメラマンの一挙手一投足から目を離してはいけないのである。

クライマックスはしばらく続いただろうか。ショーの締めくくりは、「瑶族舞曲」を流した。歌舞伎で使う赤いクモの糸を会場からステージに次々に投げ込んでもらうと、ステージは真っ赤な世界に一変した。拍手は鳴りやまなかった。応援に駆け付けた人形作家の四谷シモン氏や高田賢三氏の姿もそこにあった。

英語のプリミティブ（primitive）は本来、「原始的な」「太古の」「根源の」「基本的な」などといった意味がある。パリコレクションの前年に東京で開いたショーのテーマは「プリミティブ・アメリカ」だった。そしてパリコレデビューは「プリミティブ・オリエンタル」がテーマ。私にとってプリミティブの言葉は、「原点」や「出発点」「未開拓」などを指す。つまり、人間の手垢が付いておらず、荒々しいエネルギーが蓄えられたフレッシュな状態を意味するのである。

ショーは大成功に終わった。「まるで演劇を見ているかのよう」「スペクタクルなショーだった」と高く評価された。ショーの評価は、そのままコレクションの評価に直結する。そして、デザイナーの指標になる。日本のブランド「JUNKO KOSHINO」は、一夜にして世界に羽ばたいたのである。

プレタポルテ（高級既製服）を扱うパリコレクション（パリファッションウイーク）は毎年、三月（秋冬物）と十月（翌年の春夏物）に開催される。フランスにあるオートクチュール・モード連盟が運営し、日程や会場を決める。参加ブランドは百社余り。世界四大コレクションと言われるパリ、ミラノ、ニューヨーク、ロンドンのうち、パリは開催規模と影響力が最も大きく、海外からバイヤーとマスメディアが殺到する。

パリは希望と同時に絶望を運んできた。

パリにある高田賢三氏の自宅で開かれた祝賀パーティー。私は、どんちゃん騒ぎをして、病院に運ばれたのである。

友人たちに囲まれ、「イッツ・ショータイム（It's showtime.）」などと叫び、中二階から飛び降りた。着地に失敗して頭を強打し、気絶したのである。私なりのサービス精神だった。気づくと病院だった。命に別状はなかった。

本当の絶望は、それから一年半後にやって来る。

一九八〇年三月のパリコレ秋冬コレクション。定員五百人の会場がガラガラである。顔なじみのバイヤーやマスメディアの姿がない。間もなくショーが始まる。ショーは観客と共に作り上げる一回限りの総合アート。観客がいなければショーは成り立たない。

頭の中が真っ白だった。

私の元に情報が入った。ショーの時間が、JUNKO KOSHINOと、メゾンであるシャネル（CHANEL）が重なったのである。打つ手はなかった。シャネルの会場はいつも通り、満員に違いない。スケジュール調整を頼んだフランス人の信じられないミスだった。パリコレクションの主催者に顔が利くという触れ込みを、私が信じてしまったのである。だまされたと思った。あとの祭りである。

フィナーレの拍手はまばらだった。モデルたちを従えてあいさつしようにも、どのように伝えればいいのか分からない。演出は破綻していた。悔し涙のため、会場の景色がよく見えなかった。人生最大の屈辱であった。そして、それは教訓となった。

パリコレクションの舞台裏は平和と紛争が共存する。ショーは、スケジュール通りに進行することはない。遅刻がルール化している「パリ時間」に人びとが従うからである。前のショーの終了時間が遅れれば、自分のショーの開始はさらに遅れる。モデルがショーの当日に来ない。リハーサルをすっぽかす。手配したアクセサリーや靴が会場に届かない。メーキャップ担当の現地スタッフが遅刻する……。そうしたことは珍しくない。だから、すべてを織り込んで準備を進めるのである。

主役級のモデルが来ず、冷や汗をかいたことがある。ショー開始の直前、会場にいた女性に代役を頼み、出演してもらった。彼女は客として会場に来ていた別のモデルだった。ヘアメークし、ウエディングドレスの新作を着せ、動作を指示した。ショーは三十分遅れて始まったものの、「パリ時間」に救われ、ぎりぎり間に合った。

不安と緊張と興奮が私の全身を駆け巡る。わずか十五分のショーに、生きた心地がしない。呼吸をしているという感覚はない。ショーが終わった時、こんどは安堵と解放感と静穏が全身を駆け巡る。ため息を吐く自分のことが分かる。パリコレクション中心の生活は二〇〇〇年に終止符を打った。経営判断からである。パリのモンテーニュ通りに開いた自慢のブティックも閉じた。パリコレに挑み続けた二十二年間は、私にとって希望と絶望、平和と紛争の時間である。

自作のアートが置かれた筆者のブティック（東京・南青山）

© Toshihiro. Tani

第六章　ＧＥＮＴＥＮは減点、あるいは引き算

私は感覚派である。

正確に言うと、論理を大切にする感覚派である。

論理とは数学的と言い換えていい。無駄やあいまいさ、乱れがないことである。ある人にとっては正しく、別の人にとっては間違いであるといった矛盾が生じないことである。誰にとっても答が明瞭で、正答は正しく、誤答は間違いであるのが数学的ということになる。

ディスカッションをするとき、遠回しな言い方よりも単刀直入な言い方をする。誤解を生まないために、要点を押さえ、簡潔に表現する。もちろん、言い方には気を付ける。人間は感情に左右される。感情を損なわないように配慮し、できるだけ要点を伝えるのである。これは論理的表現である。

要点を押さえるとは、引き算をすることである。伝える内容を可能な限り絞ることである。そして、余分な情報をそぎ落とすことである。引き算の結果、核心が残る。核心は正しく、正答である。

引き算は核心に迫る正しい方法である。

私は小学生のころから算数・数学が好きだった。代数でも幾何でも、答はもちろんのこと、答を導き出す過程も美しいと思った。

算数・数学はまるでクイズだった。どちらも一定のルールや条件の下で、論理的思考と応用力が試される。規則性や、意味を選別するパターン認識が求められ、難問に挑戦することで論理的思考と応用力、パターン認識力が磨かれていく。正解が得られたときに独自の達成感を味わえるのが両者に共通する。

私のデザインには、無駄やあいまいさ、乱れがない。それは論理と数学の美しさが身体に浸透しているからである。私のデザインは佳麗である。

数学は誰が問題を解いても、答は一つである。デザインはどうか。デザインは誰が考案しても、答が一つになることはない。

理由ははっきりしている。

引き算をする前の情報（数字と言ってもいい）が、デザインにおいてはばらばらで統一性がないからである。ファッションに限れば、カタチ、素材、色、機能などの情報は無数である。無数のカタチ、無数の素材、無数の色、無数の機能から引き算をしても、答（組み合わせと言っていい）は無数にある。困難なのは、その答が正しいかどうかが、分からない点である。

しかし、デザインの怖さと楽しさはそこにある。

それは音楽に似ている。音楽は、音階（ドレミファソラシ＋半音を含む十二音階）の組み合わせに加え、リズムやテンポ、ハーモニー、音色などを取り入れることで、無数のバリエーションを生み出すことができるからである。

私が感覚派であるのは、デザインの発想をインスピレーションにゆだねているからである。

イメージが浮かぶと、手が動き始める。手が動くと、イメージが湧き出る。感覚派の私にとって、手は何より重要である。

フランスに長年暮らして、気づいたことがある。日本人は手を使い、フランス人は目を使うということである。

日本人は、手の感触や手の触覚を重視する。日本の美術館は「作品・展示ケースには触らないでください」と禁止事項を表示している。作品を理解するために、つい、手を伸ばしたくなるのが日本人である。全体よりも細部や部分に興味がある私たちは、作品に接近せざるを得ないのである。触ることは、対象を理解し、かつ記憶することと同義語である。

それに対して、フランス人は視覚を重視する。部分より全体に関心があるため、フランス人は一歩引いた場所から作品を鑑賞する。フランス国内の美術館で「作品・展示ケースには触らないでください」と書かれた表示を見かけることは少ない。彼らは離れて見ることにより、対象に迫るのである。

日本とフランスにおいて、警備体制の違いが美術館にはあるだろう。芸術・美術品の価値に対する国民の認識の違いがあるだろう。さらに規範意識の違いや、命令や指示を嫌う個人主義の浸透の違いもあるだろう。それらすべてを考慮したとしても、私が立てた仮説である「日本人の触覚重視」「フランス人の視覚重視」の傾向は間違ってはいないはずである。

デザイナーは、私を含めて、触覚重視と視覚重視の間の均衡について自覚しておく必要がある。

触覚を重視する顧客は、ファッションの着心地を重視するから、機能と素材でライフウエアを選択する傾向がある。視覚を重視する顧客は、デザイン優先のハイファッションを選ぶだろう。

日本とフランスについては次のように言えるだろう。

日本人は着心地や肌触りを重視するのに対して、シックやエレガンスを基準にするフランス人は見た目を優先するのである。「触覚の文化」と「視覚の文化」にもちろん優劣はないものの、デザイナーが考案するデザインは、彼らを培った文化のありように影響されるのである。

絵画が私の仮説を補強してくれる。

西洋の油絵は下塗りを含めて色を何層にも積み重ねることで、質感と深みを生み出す。絵具の乾燥が遅いため、上から色を足すことで修正することができる。キャンバス全体に絵具を使い、空間を埋め尽くして余白はない。これは「足し算」のアプローチだといえる。さらにルネサンス以降、視覚的効果を狙った写実性が追求され、宗教画に見られるように物語の一部やシンボルが描かれ、絵画は「見る」対象、または「見て解釈する」対象になった。西洋画の特徴である額縁は、見る者に物理的かつ心理的な枠組みを与えることにより、彼らの視点や視覚を固定化したのである。

私は高校時代、美術部で油絵を描いていた。高校二年生の時に大阪市立美術館の展覧会の公募で入選し、将来は画家になろうと思った。

日本画はどうだろうか——。日本画は「引き算」のアプローチを取る。そして「見る対象」ではなく、「感じる」対象である。

日本画の特徴は余白である。余白を画面の構成要素として扱い、主題や情景を引き立てる。永遠性など、ある種の精神性を余白に表象させるのである。岩絵具や墨を使った線は、繊細で描き直しが難しく、色を重ねることに対して極めて控えめである。別の特徴は、主題の多くが花鳥風月で、額縁を使用しないことである。可動式のびょうぶ、掛け軸、ふすまなどに飾られることから、見る者の視点を固定化することはない。「見る」ことの価値は高くはないのである。日本画は室内の空間と一体化し、周りの環境や明かり、季節によって異なる「感触」を私たちに与えるのである。つまり、最大の価値は「感じる」ことなのである。

彫刻家で詩人の飯田善國氏（一九二三〜二〇〇六）は、著書『彫刻家──創造への出発』（岩波新書）で視覚と触覚について考察している。

「視覚、つまり視ることのうちには、眼の内部にかくれている手と指が想像的触覚として共同で参加している部分がある」と述べたあとで、次のように指摘する。

「私たちの眼のなかには、見えない『手』がひそんでいて、『見る』という瞬間の機能の働いている最中に、同時的に、この眼のなかにかくれている見えない『手』を繰り出して、当の見ている事物に触っているのである。『触る』ということは、事物の堅さ・柔らかさ、厚さ・薄さ、粗さ・滑らかさ、棘のある・なし、温かさ・冷たさ、快さ・不快さ、といったものをちょうど、現実の手がそれらに触って確かめるのと同じ手続きを踏んで確かめようとする」

飯田氏は、私がパビリオンの制服をデザインした一九七〇年の大阪万博で活躍したことでも知られる。

私の場合は、手は目ほどにモノを見るのである。

ファッションは、絵画よりも彫刻に近い。ファッションも彫刻も三次元のカタチを追求するからである。飯田氏の言う「眼のなかにある手」が威力を発揮するのは、三次元のカタチを対象にするときで、二次元の絵画では役に立たない。私が服をデザインするときは、実際の手と「眼のなかにある手」の両方を使う。服の着心地や手触り、私の服を着た人が自己演出するパーティーや会食の場までも、二つの手を使ってイメージするのである。そこは三次元の空間である。

デザインにおける引き算について、過ちを犯しそうになったことがある。

二〇〇一年九月、東京・南青山に完成した自社ビル（地上十三階・地下一階建て）についてである。そこは骨董通りと六本木通りの交差点に面し、JUNKO KOSHINOのブティックと事務所が入る。はじめは用地の制約があり、七階建てのビルを計画していた。建築資材の発注は終わっていたものの、納得できないでいた。完成予想の模型がとにかく気にくわなかったのである。アサヒビールの元会長、樋口廣太郎氏に困り果てて相談した。模型を見てもらうと、樋口氏は「街の角は責任がある。ちょろちょろ建てたらあかんのや。今だったらやめられるで」と反対した。

ハッとした。ビルのデザインは引き算ができていなかったのである。私のビルが街づくりの顔になる、港区の顔になるとは考えたことさえなかった。ビルのデザインや色が目立てば、周囲の景観を損なうのは明らかである。万博の開催期間である半年前後でビルが解体・撤去されるなら、真っ赤なビルや真っ黒なビルもいいだろう。奇妙なカタチをしたビルでも許されるだろう。しかし、私のビルは百年や百五十年も、建ち続けなければならない。だから、角が立ってはいけないのである。

そしてビルの建設用地も広くなかった。

角が大切だとの指摘は、デザイナーなら誰でもすぐに分かる。古代ローマや平安京を持ち出すまでもなく、都市において角は人が行き交う要衝であり、外部に対してはシンボルであり、内部に対しては美観である。ファッションにおいても、角は特別な意味を持つ。襟や肩、袖、裾が角に相当し、繊細な加工が必要となるこれらが、きれいに仕上がると、服は高級感や清潔感が際立ってくる。逆にこれらが強調されすぎると、全体に角が立ち、厳格で面白くない服になってしまう。

それまでの計画を白紙撤回した。森ビルの役員に偶然会う機会があり、助言を求めた。建設計画を共同で進めることになり、森ビルは隣接地を手に入れ、私はマンションの建設と運営を委託する代わりに、自分が保有する用地の一部を森ビル側に提供した。その結果、敷地面積は約六百平方メートルになった。設計を中川巌・建築綜合研究所が、監

東京・南青山にある JUNKO KOSHINO の自社ビル

Ⓒ Toshihiro. Tani

修を私がそれぞれ担当した。代表の中川巌氏は、丹下健三氏のもとで設計の腕を磨いたことで知られた。樋口氏の忠告に従い、自社ビルについては角の重要性を踏まえ「デザインをデザインしない」というコンセプトに私は変更した。この究極の引き算に対し、中川氏は理解を示してくれた。

引き算がうまくいったこともある。
二〇〇〇年のパリコレクション撤退である。
JUNKO KOSHINOにとって、難しい判断だった。

一九九七年七月のアジア通貨危機をきっかけに日本の景気はさらに減速し、同年には北日本最大の銀行であった北海道拓殖銀行、日本第四位の証券会社である山一証券が経営破綻した。翌一九九八年には、大手金融機関の日本長期信用銀行や日本債券信用銀行の経営が行き詰った。ファッション業界も景気減速の荒波を受け、ライセンス契約の見直しや百貨店の売場・ブランド終了が相次いだ。象徴的だったのは二〇〇〇年七月、日本最大の百貨店だったそごうグループ（現そごう・西武）が当時で過去最大の負債（一兆八千七百億円）を抱えて経営破綻したことだった。

一九七八年のデビューから二十二年連続でパリコレクションに参加できたのは、文化服装学院時代からの恩師、森英恵さんから贈られた言葉「必ず続けるのよ」の力が大きい。

一九九七年以降、その言葉は大きな励ましであると同時に、重荷に感じられるようになった。

パリコレクションに参加し続ける目的は主に二つあった。一つはコシノジュンコのデザイナーの存在価値とJUNKO KOSHINOのブランド名の双方を高めることである。もう一つは、コレクションの売り上げを伸ばし、ライセンス契約を増やすことである。ショーを通じた二つの相乗効果により、JUNKO KOSHINOは押しも押されもせぬ国際ブランドになった。しかし、ファッション業界を取り巻く経済環境は、悪化するばかり。引き算をせざるを得なかった。それは、クリエーターの顔である〈陽の私〉を封印し、実業家の顔である〈陰の私〉を開扉することだった。

不思議なことに「ブランドが潰れても、パリコレだけは続ける」という気持ちにはならなかった。デザインの要である「引き算の哲学」が、最後の最後に利いたのである。周囲は私のパリコレクション撤退にほっとしていた。

私が師事した樋口氏も、引き際が見事だった。首脳陣として在籍した住友銀行でも、アサヒビールでも、ポストにしがみ付くことは決してなく、後進に道を譲り軽やかに転進した。その姿を見ていたからこそ、「パリコレをやめてもデザイナーをやめるわけはない」と私は開き直れたのだと思う。

筆者が1996年にキューバで発表したコレクション

その樋口氏がまとめた「仕事十則」という考えがある。

「基本に忠実であれ。基本とは困難に直面したとき、志を高く持ち、初心を貫くこと。常に他人に対する思いやりの心を忘れないこと」「できることと、できないことをハッキリさせ、YES、NOを明確にせよ」「毎日の仕事をこなしていくとき『今、何をすることが大事か』を常に考えよ」などと書かれている。

ビジネスにおける「引き算の哲学」である。

森英恵さんの率いるブランド「ハナエモリ」は二〇〇二年に経営が破綻した。そして二〇〇四年には、半世紀以上にわたり活動してきたパリコレクション・オートクチュール（高級注文服）から撤退した。「必ず続けるのよ」と言った森さんの失意を想像すると、いまも私は胸が締め付けられるのである。

第七章　GENTENは限展、あるいは新世界

社会主義に興味があったわけではない。
世界で活躍するデザイナーたちが、ファッションショーを開いたことのない国に興味があっただけである。

東欧諸国を除く社会主義国は、一九八九年のベルリンの壁崩壊とは関係なく、デザイナーにとってはどの国も未開拓の「新世界」であった。

一九八五年に中国で、一九九四年にベトナムで、一九九六年にキューバで、パリコレデザイナーとしてショーを開催し、それぞれの国の文化史に私の名を刻むことができた。
さらに二〇〇九年には、軍事独裁政権下のミャンマーで、ショーを実現することができた。

政治における主義主張を越えて、ファッションのメッセージである「喜びと元気と未来」を「新世界」にいる人びとに、私は直接伝えたかったのである。そして、できれば

「未開拓地一番乗り」の快感を味わいたかったのである。

中国の会場は首都の北京飯店。日時は一九八五年五月十五日。中国共産党の幹部から労働者まで千人余りを招待した。中国国営新華社通信は「外国人による中国最大のファッションショー（時装表演会）」と報じた。

きっかけは前年に届いた私宛ての奇妙な電報だった。北京の美術大学が差出人で、四桁の数字が羅列してあった。在日本中国大使館に問い合わせると、中国への招待状で、大学にファッション系の学部を創設するため講師をお願いしたいとの内容だった。私は真意を確かめるため、北京を訪ねた。

応対したのは胡耀邦総書記の夫人で、「北京服装協会」会長を務める李昭さんだった。「余裕がないため講師を引き受けることはできません」と私は説明し、「胡総書記が進める改革・開放路線は、貴国におけるファッションの大衆化を推し進めます。私はデザイナーとして、その路線を支持します」と伝えた。穏やかな会話が続いた後、私はファッションショーの北京開催を提案した。李さんは「素晴らしいお話です」と応え、ショーの開催が決まったのである。夫の胡総書記は知日家で、中国の指導者として初めて背広を愛用し、市場経済の導入に積極的だった。

私は本物のショーを演出するため、総重量六トンの資材をチャーター機で運び入れた。壁紙やのり、カーペット、新作のコレクション……。それらの資材を北京の空港で引き取る際、私の目の前に現れたのは、空港専用のトラックではなく、ロバが引く荷車だった。びっくりするとともに、気持ちは高ぶった。会場の設営準備では、客席にせり出す舞台のランウェイを作るため、テーブルの脚をひもで縛り連結した。

難題は電力不足とファッションモデルの調達だった。電源車を手配し、新聞でモデルを募った。オーディションには人民解放軍の兵士からバスの運転手、京劇の俳優までが集まった。選考を終え、彼女たちに髪を切ると言うと突然、泣き出した。中国の女性は髪を長く伸ばし、それを切って売る風習があるからだと私は聞かされた。日本から来た美容師に髪をバッサバッサと切られていく。メーキャップが終わる。鏡に映った変身ぶりに見とれる彼女たち。それまでの泣き顔は消え、満面の笑みを浮かべた。ファッションの魔法は軽々と国境を越えたのである。

リハーサルは散々だった。公開にしたため大勢の人が押し寄せた。さらに、日本から持ち込んだ照明機材の電圧がマッチしないことが分かったのだ。中国の技術者がぽつりと「京劇の劇場に変圧器がある」と言った。それから十二時間を要してその変圧器を調達し、本番直前に日中合作の明かりがついたのである。幸運にも、本番では大きなトラブルはなかった。ショーのフィナーレで私は李さんの肩を抱き寄せて感謝の意を示し、ランウェイから観衆の喝采を浴びたのである。

ショーは一過性である。せっかく吹いたファッションの新芽を育てるには、水をやり続けなければならない。中国側から繰り返し要望され、一九八六年に婦人服店、翌年に紳士服店を北京の繁華街に出した。「服装開放」は順調に進むかに見えた。しかし、違った。一九八七年一月、胡総書記は失脚した。中国共産党の長老や保守派の巻き返しにより、改革・開放路線にブレーキがかかると日本のマスメディアは伝えた。二年後、私の不安は的中する。

天安門事件である。

事件は一九八九年六月四日に北京で起きた。同年四月に亡くなった胡元総書記の名誉回復と民主化を求め、天安門広場で抗議行動を続ける学生たちに対し、人民解放軍が無差別に発砲。武力で鎮圧したのである。たくさんの血が流れた。

私は国際電話で事件を知らされた。第一声は北京のスタッフからだった。「北京の店が大変です！　流れ弾が飛び込んできました」。私はたまたま、米アリゾナ州の自動車レース場にいた。ユニフォームのデザインを任されたF1チーム、リアル・フォードを応援するためだった。報告を聞きながら青ざめていくのが自分でも分かった。日本の百貨店は中国進出計画を白紙に戻し、私は中国撤退を決断するしかなかった。

中国には「飲水不忘掘井人」のことわざがある。井戸の水を飲むときは、井戸を掘った人の苦労を思いなさいという意味である。また、中国人は恩義が深く、困難なときの厚意や支援は後々まで覚えているということを指す。一九七二年の日中共同声明調印の際、中国の周恩来首相が引用したことで、日本でもよく知られていた。

私が、「掘井人」（井戸を掘った人）なのかどうかは分からない。ただ、天安門事件の後も、中国でショーを開いたり、中国のファッションイベントに参加したり、交流は続いた。一九九二年の北京・中国歴史博物館（当時）における生活芸術設計展。二〇一〇年の北京・人民大会堂におけるJUNKO KOSHINO北京25周年記念交流会。そして、二〇一二年の北京大飯店における日本・中国・韓国のデザイナーの競演による「東アジア・ファッションショー」……。

生活芸術設計展は、一九九一年から九二年にかけて東京、福岡、大阪で開催した「コシノジュンコ・デザイン展」がベースになった。天安門事件で国際社会の信頼を失った中国が、挽回のチャンスをうかがうため「北京で何かやってほしい」とイベント開催を持ちかけてきたのがきっかけである。中国革命博物館に隣接する中国歴史博物館の会場で、パリコレクションのショーのビデオ映像を流し続けた。小学生たちが列をなして見入った。中国語でファッションデザイナーを指す「服装設計師」「時装設計士」が世界に存在することを、子どもたちは知らなかった。うれしいことに、彼ら彼女の中から、後に日本でファッションを学ぶ留学生が何人も現われた。私の活動がファッションの道しるべになったのである。

二〇一二年の日中韓のデザイナーが参加するショーの直前、日本政府が沖縄県の尖閣諸島を国有化したことから中国側が反発し、中国各地で反日デモが繰り返されていた。ショーの開催が危ぶまれた。

私は「国際状況が厳しいときこそ、文化やファッションの力が試される」と考え、主催する中国文化省などへの協力を惜しまなかった。政治には政治の色があり、文化には文化の色がある。私の「対極の思考」に照らせば、政治の動きに文化が合わせる必要はなく、それぞれがどちらかの色に染まってはいけないのである。「掘井人」なら誰でも、色が混ざると汚くなると忠告するはずである。ショーは成功裏に終わった。約四百人の観客が送る盛大な拍手が、それを証明していた。

未知の世界は想像力を駆り立てる。既知の世界は想像力を萎えさせる。未来芸術（アール・フチュール）を探求するデザイナーの私なら、誰も足を踏み入れていない新世界に飛び込むしかない。親日家で知られたデザイナーのピエール・カルダン氏（一九二二〜二〇二〇）がまるで狩りでもするかのように、ファッション未開拓の国・地域や事業に手を付けていた。彼がいる限り、私は「ファッション界の二番手」にとどまり、「女性初」「東洋初」の称号しか与えられない。どこかで彼を出し抜くしかなかった。

チャンスは一九九六年に訪れた。

「キューバはいいですよ。最高です」

テレビ局の記者に吹き込まれ、私の祭り好きの血が騒いだ。ラテン系の開放的な文化やサルサのリズムに早く触れてみたい。憧憬は増すばかりだった。一九九五年十二月にカストロ国家評議会議長が初来日し、日本とキューバ両国の気運は高まるかに見えた。翌九六年二月、キューバ空軍が反カストロ団体の米民間機を撃墜する事件が起き、米国のキューバ制裁は日を追うごとに強化された。

キューバ情勢には目もくれず、NTTの番号案内で調べ、駐日キューバ大使館に電話した。ハバナでショーを開きたいと願い出ると歓迎され、話はとんとん拍子に進んだのである。

ワクワク、ドキドキしながら一九九六年三月、首都ハバナの空港に降り立った。

初めてのキューバは、想像通りだった。空と海はトロピカルブルー。私がティーンエイジャーだったころに夢見た一九五〇年代のアメリカが手つかずに残っていた。人びとは優しく、陽気だった。そして質素ではあるけれども、おしゃれだった。私が好む原色の服を着て、軽やかに歩く。まるでサルサのステップを踏んでいるかのようだった。

現地視察は順調に進み、ショーの日程は一九九六年十二月、会場は野外のキャバレー「トロピカーナ」と、同じく野外の公共施設「サロン・ロサード」でほぼ固まった。トロピカーナの衣装係は、私がニューヨークで取材を受けたファッション誌「VOGUE（ヴォーグ）」の記事を偶然、メキシコで読んでいた。不思議な縁が国境を越え、キューバでつながっていた。

不穏な情報が入った。

「ピエール・カルダンが九月にハバナでショーをする」

恋したキューバでカルダンに負けるわけにはいかない。できれば彼に一泡吹かせたい。「JUNKO KOSHINOは八月だ！」と私は開催前倒しを即断したのである。

準備期間は半年。パリコレクションの活動と並行しながら、ハバナで発表する新作のアイデアを練った。火事場のばか力か、だんじりのやりまわしパワーか、思いがけない力が湧き出るのを感じた。

課題のモデルは、トロピカーナのダンサー三百人から六十人を選んだ。基本の技術を習得してもらうため、正しい姿勢や表情、ポーズ、ウオーキングなどについて一日八時間の練習を二十日間、課した。彼女たちはプロだった。音を上げる者は一人もいなかった。

ショーは、八月二十八日にトロピカーナで、二日後の三十日にサロン・ロサードで開かれた。前者の会場は政府要人や外交官ら約千人が詰めかけ、後者は一般市民約六千人が集まった。どちらも超満員だった。天が味方してくれたのか、雨季にもかかわらず、会場がスコールに見舞われることはなかった。

ショーの開始直前、演出を担当したトロピカーナのプロデューサー、サンチャゴ・アルフォンソ氏が、私に向かって言った。「いまは夢。そして明日は歴史」。ショーが終わり、多くの人から「言葉通りになりましたね」と祝福された。彼の言葉の意味と重さを私が五感でかみしめたのは、それからしばらくして、一人になってからだった。

流れてゆく。流れてゆく時は、澱になり、時の底へ沈んでゆく。ワインの澱が渋みを消して、まろやかでコクのある味わいにするように、時の澱は私を果てしなく豊穣にする。五感で見る夢は決して消えない。五感で見た夢は私の澱となり、あなたの澱となり、私たちの澱となる。それは記憶され、理解され、歴史になっていく。歴史は夢からできているのである。アルフォンソ氏の言葉は本当だった。

キューバのテレビ局が私の特集番組を制作し、土曜日の午後六時から二時間にわたり放送した。視聴率は一〇〇パーセントだったと説明を受けた。ハバナのどこへ行っても歓迎され、「コシノジュンコ」を知らないキューバ人はいなかった。「私の澱」はまさしく、「私たちの澱」だった。

二〇〇九年、ハバナで三回目のショーを披露した。日本とキューバの外交関係樹立八十周年の記念イベントの一環だった。別の仕事で現地に来ていた女優の萬田久子さんにモデル出演を頼み、花魁姿でランウェイを歩いてもらった。萬田さんは、母の小篠綾子原作の舞台「コシノものがたり」(二〇〇五年・明治座)で、コシノジュンコ役を主演した。うれしかったのは、フィナーレで観客総立ちの拍手が起き、モデルたちと一緒にサルサを軽やかに踊ったことである。サルサ魂とだんじり魂は響き合っていた。

ベトナムで最初のファッションショーを開いたのは、ピエール・カルダン氏である。一九九三年十一月、ハノイとホーチミンの会場でベトナム人モデルも起用し、ウエディングドレスなどのコレクションを発表した。ＡＰ通信はランウェイであいさつするカルダン氏の写真を世界に配信した。写真には次のような説明が書かれていた。

「一九九三年十一月十六日、ハノイの文化宮殿（越ソ文化宮）で、フランスのファッションデザイナー、ピエール・カルダンのデザインした作品を身に着けたベトナム人モデル二人。カルダンはチャリティーファッションショーのため、現地のモデルを募集。収益はすべて、ベトナム中部の洪水被災者に寄付される」

私のショーは、カルダン氏から遅れること一年、一九九四年十一月にハノイの越ソ文化宮であった。「日越友好ファッションショー」と銘打ち、一九九五年春夏コレクショ

© h. SUZUKI

筆者が1996年にキューバで開いたショー

ンを発表した。テーマの一つは民族衣装のアオザイ。ハノイでアオザイを着た若い女性が自転車に乗って走り去る時、私の目の前で裾がひるがえった。その光景に私はすっかり心を奪われ、ショーのテーマに加えたのである。

ミャンマーのショーは二〇〇九年八月、首都ネピドーのホテルで二日間にわたり開かれた。日本とメコン地域との交流年行事に協力してほしいと日本政府に頼まれ、引き受けたのである。ショーの最中に停電が起きるアクシデントに見舞われた。モデルも観客も全く動じなかった姿に私はいたく感心した。「世界的に著名なファッションデザイナーのショーが開催されたのは、ミャンマー史上初めて」「現地は興奮のるつぼに巻き込まれ」（在ミャンマー日本大使館）などと評価されたものの、私はこそばゆくて仕方がなかった。実はミャンマーでも、ピエール・カルダン氏がその十三年前に大きな足跡を残していたからである。

一九九六年四月の現地からの報道は、カルダンのショーには駐ミャンマーのフランス大使やミャンマー商業省の顧問らが出席した。モデルは現地で募ったミャンマーの女性たち。「ステージでは奇跡が起こった」「モデルたちは輝いていて、フラッシュが光るなか、楽しそうにステージを舞い回った」「黄色いシルクの幻想的な渦巻き、曲線を描く青いオーガンジーの裾、ショッキングピンクの革手袋……」などと取り上げていた。ショーの後の記者会見でカルダン氏は「服装の様式は、人びとの道徳的習慣を反映するということに、あなたは同意しませんか？」と記者から尋ねられ、次のように答えたという。

「ファッションとは夢のことだよ。夢を見ない人生なんてあり得ないでしょ」

悔しいが、カルダン氏は尊敬すべきパイオニアだったのである。

ミャンマーに触れる時、二〇一九年五月二十八日に亡くなられた小山智史さん（当時三十九歳）のことを思い出さずにはいられない。川崎市多摩区でスクールバスを待つ私立カリタス小の児童らが刃物で襲われ、二人が死亡し、十八人が重軽傷を負った事件に、

JK GALLERY で2024年に開いた筆者の絵画展＝東京・南青山
© Toshihiro. Tani

小山さんも巻き込まれたのである。

小山さんは、外務省職員でミャンマー語の通訳担当官だった。事件当日、保護者として、同小に通うわが子を送りに来ていた。刃物を持った男が小山さんを襲った後、児童らを次々と襲い、男は直後に首を切って自殺した。私は被害・犠牲者の名簿を見て小山さんの悲報を知った。

ネピドーで二〇一二年六月、日本政府の文化交流ミッションのメンバーとして、テイン・セイン大統領（当時）と面会した。その時、通訳をしたのが小山さんだった。

その席で大統領から、ナショナルチームのユニフォームデザインを依頼された。翌年十二月にミャンマーで開かれる東南アジア競技大会で着用するためである。特殊加工を施し、丈夫で薄く通気性のよいユニフォームが必要である。さらにカラフルでなければならない。残念ながら、そうしたユニフォームをミャンマーで作ることは難しい。「オールニッポンで進めよう」と考え、日本企業に協力を呼び掛けた。

得意技を誇る主要企業が快く応じてくれた。セーレン社の特殊素材とビスコテックスプリント技術、ＹＫＫの簡易分離ファスナー、吸汗・通気性に優れた東レ（メンズ用）と帝人フロンティア（レディース用）の裏地を使った。ほかにもパナソニック、イオン、ＡＮＡ、島田商事など多数の企業が協力してくれたのである。

ユニフォーム二千四百着をミャンマー側に寄付する贈呈式が、お披露目を兼ねてファッションショー形式により二〇一三年十一月、ヤンゴンで開かれた。同国の象徴であるクジャクをあしらい、国旗の黄、緑、赤を配色したユニフォームのデザインに対し、大きな拍手が起きた。この模様はテレビで全国中継された。小山さんがミャンマーとの窓口にならなければ、両国の文化交流事業はここまで大きな花を咲かせることはなかった。感謝してもしきれないのである。あらためてご冥福をお祈りいたします。

第八章　ＧＥＮＴＥＮは幻滅、あるいはコロナ禍

「かきくけこ」

五十音図のか行は、ただの五十音図の一部ではない。私にとって、最も大切な五十音図の行である。

私は次のように考えている。

感謝の「か」。

希望の「き」。

くよくよしないの「く」。

健康の「け」。

行動の「こ」。

デザインは人をポジティブにする「かきくけこ」である。

新型コロナウイルスのパンデミックは、私の「かきくけこ」を「がぎぐげご」に変えてしまった。

二〇二一年十月一日に緊急事態宣言がすべて解除されるまで、一年半にわたり私たちの行動は制限された。この間だけで、感染が原因で約四万五千人が亡くなった。死者数はその後も増え、二〇二三年五月には約七万五千人に達した。

我慢の「が」。
疑義の「ぎ」。
ぐうの音も出ないの「ぐ」。
下卑の「げ」。
誤解の「ご」。

外出制限で街中から人影が消えたコロナ禍において、「がぎぐげご」は、より真実味をもって私たちに迫った。耐えるしかない「がまん」。すべてが疑問に思われる「ぎぎ」。声が出ないほど叩きのめされた「ぐうのねもでない」。下品で卑しくなった「げひ」。希望と絶望を取り違えることになった「ごかい」……。

政府は密閉、密集、密接の「三密を避けましょう！」と繰り返した。不要不急の外出が非難され、ステイホームが求められたため、飲食業とアパレル業は大打撃を受けた。JUNKO KOSHINOも例外ではなかった。生活の基本である「衣・食・住」のうち、衣と食はウイルスによって叩きのめされたのである。

つらかったのは、親友である高田賢三氏が新型コロナウイルスの感染により亡くなったことである。二〇二〇年十月四日、享年八十一。信じられない死だった。

私は彼のことを「ケンちゃん」といつも呼んだ。

彼の死の八カ月前まで、私はパリにいた。二人の行きつけであるイタリア料理店で会食したのは二〇二〇年二月。インテリアデザインの仕事をめぐり、話は大いに盛り上がった。彼が明るい声で言った「今度日本で一緒にやろうよ」の言葉が、私の耳の奥に残っている。

亡くなるひと月前にも電話でやりとりした。少し体調が悪いように感じられたものの、まさか亡くなるとは思ってもみなかった。悲報を知ったのは深夜。知人からの連絡だった。コロナ禍のため私はパリに行くことができず、彼との最期の別れはできなかった。

日本の病院でも、新型コロナに感染した家族との面会が厳しく制限され、死に目に会えないどころか、通夜も葬儀もできない状況だった。生者も死者も、孤立し分断されたのである。私もケンちゃんとの間を引き裂かれた。

メメント・モリ。

死を忘れるな。

死を思い出せ。

メメント・モリはラテン語で、私たちのそばには死がいつも存在することを伝える言葉。中世ヨーロッパでペスト（黒死病）が大流行した時、メメント・モリはキリスト社会で広く共有され、人びとに今日をよりよく生きることを勧奨した。

そうだ。そうでなければいけない。コロナ禍でも、よりよく生きる。ケンちゃんの死とメメント・モリはそのことを伝えていたのである。

我慢するのではなく、力をためる。
疑うのではなく、収束を信じる。
グウは難しくても、チョキかパーの音を出す。
言動はつとめて気高く。
誤解を解き、歩み寄る。

が行の「がぎぐげご」は反転した。明暗は一転し、明から暗ではなく、暗から明に変わったのである。対極の「暗明」である。
私は油絵に向かった。絵を描くことが私の原点だからである。力をためるには原点を確認するしかない。絵画は小学生の時に習い事で始めた。高校生までの夢は画家になることだった。

朝起きるのが楽しくなった。今日も絵が描けると考えたからである。床にビニールを敷き、パレットを広げ、絵具をオイルと混ぜた。モチーフが次から次へと湧き出てきた。筆が追い付かない。「ジュンコさんはどうかしてしまった」と周囲があきれるほど、描画に熱が入った。長い間、封印していた世界が一気に噴き出したかのようだった。実際、寝食を忘れて描き続けた。

コロナ禍で描いた絵を画集『JUNKO KOSHINO』にまとめた。新型コロナウイルス

筆者の描いた富士山「Misty Mount Fuji」
© JUNKO KOSHINO

が季節性インフルエンザと同様に扱われる「感染症法上の5類」に移行して丸一年がたった二〇二四年五月のタイミングで発表した。

所収したのは百七十九幅。

画集の絵はすべて抽象画。線と形と色の性質、組み合わせを、勢いで探求した結果である。黒と金、金と白、白と黒の配色が圧倒的に多い。線はアメーバーのように太さや形を変えながら自由に動き回っている。まさに、閉じた世界から解き放たれる生物のようである。

筆者の描いた抽象画「White Momentum」© JUNKO KOSHINO

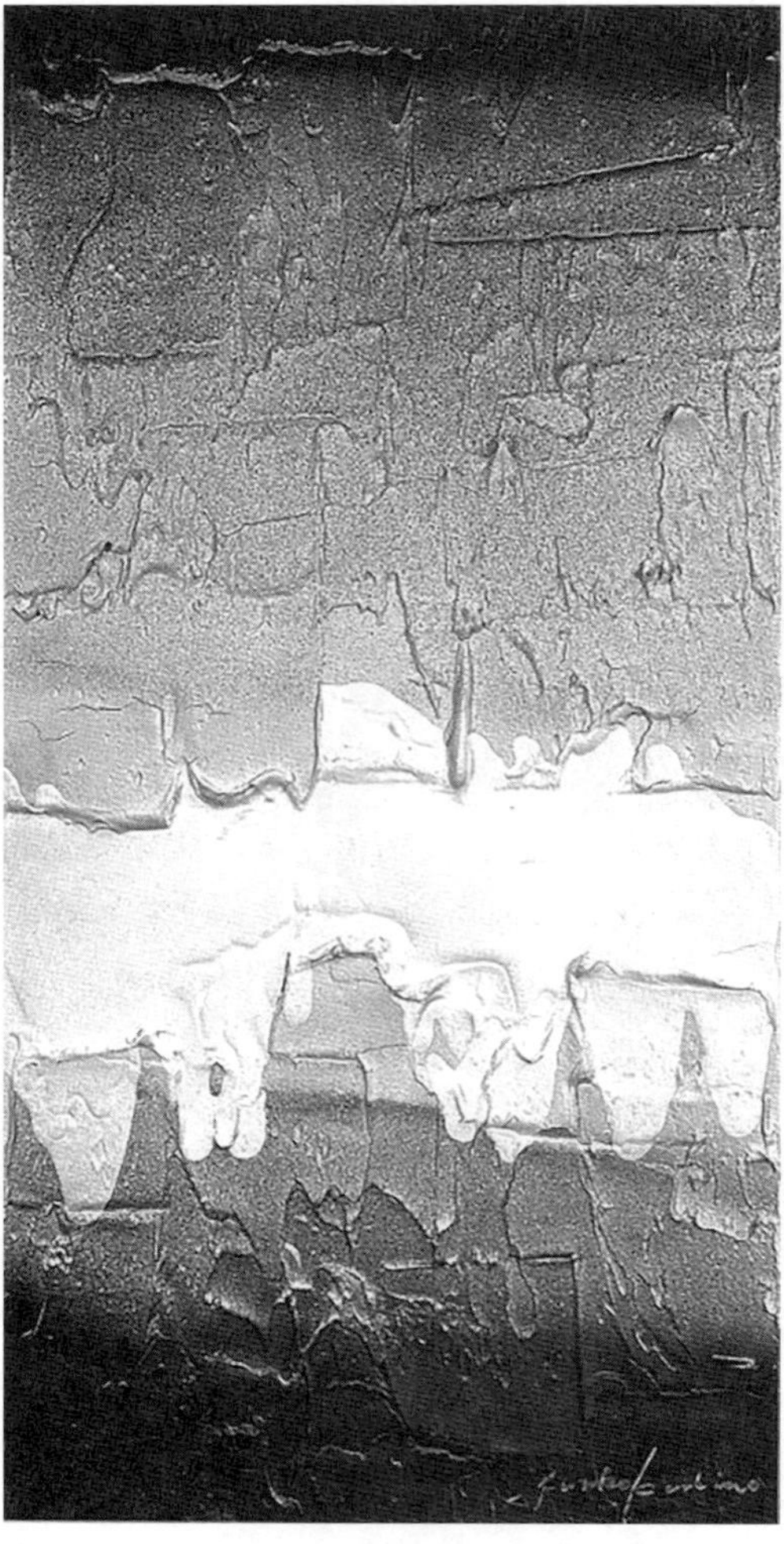

筆者の描いた抽象画「Luster and Shadow I」© JUNKO KOSHINO

具象的に見える絵は、富士山を描いた二幅のみ。金色の山が霧の中から偉容を現わしている一幅と、たなびく雲から顔を出した山が金色に輝いているもう一幅である。具象的に見えるとは言っても、裾野が左右対称であることを除けば、抽象画である。

富士山を色で表現するなら、金以外はあり得ない。金はどんな色もかなわない特別な色。日本人にとって特別な山である富士山に最も似つかわしい。それが銀でも駄目なのである。金があるから銀なのである。金閣寺と銀閣寺の関係も、私はそう考える。創建は、金閣寺の方が銀閣寺より約八十五年も早い。

抽象画は想像力を駆り立てる。イメージを深く潜らせ、かつ広く膨らませる。解釈が自由な抽象画は、コロナ禍にふさわしい形式である。描くべき具体的な対象を除外するため、物語性は消失するものの、これから始まる未来の物語を表象することができる。私の描いた抽象画は、想像の羽を得て、未来へはばたくことができる鳥なのである。

コロナ禍でも、私がパーソナリティーを務めるラジオ番組の出演は欠かさなかった。ＴＢＳラジオの「コシノジュンコ MASACA」（毎週日曜日午後五時から）。二〇一五年四月にスタートしたトーク番組で、約二百五十人の友人知人がこれまでにゲスト出演した。アナウンサーの出水麻衣さんと一緒に、ゲストの「想定外だった体験」を聞き、共感し、そして希望を見いだすのが番組の狙いである。

二〇二一年四月と五月に出演したソフトボール女子日本代表監督の宇津木麗華さんは、中国・北京出身。コロナ禍のステイホームで餃子の作り方を勉強したと打ち明けた。
「餃子の勉強は、インターネットのビデオを見ながら。餃子は自分の好きなものを入れるので、すごい幸せです。私が一番入れるのはインゲンですね。ニラになるとちょっと匂いが気になりますけど、インゲンの肉炒めもおいしいし、それを入れて、チーズもちょっと入れて」

宇津木さんは、母国の中国がルーツである餃子をコロナ禍で再発見した。うれしくなった私は「教えてもらおうかしら！」と思わず大声を出したのである。

映像作家で映画監督の中野裕之氏は二〇二一年一月と二月の放送で、うつ病の体験に触れた。代表作の映画「ＳＦサムライ・フィクション」は一九九八年に公開され、話題になった。

中野氏によれば、大学卒業後に就職した会社の人たちは、皆がタラタラ仕事をしていた。本気で仕事に取り組んだら成果がすぐに表われ、「俺って仕事ができるかもしれない」と妄想するようになったという。

「そこからはずーっと楽しいことだらけ。映画とかやって興行的に失敗すると、そのとき初めてポキンと自信が折れて、二年間うつになった。記憶がない。写真も一枚もない。弱い人の立場が初めて分かった。こういうこと言われると傷つくんだな、っていうのを勉強しました」

「まさか！」と私が驚いたのは、中野氏が「うつをやめる」と宣言したら、病が本当に治ったという話だった。言霊《ことだま》である。

「『生まれ変わればいいじゃん！』って。それで生まれ変わり宣言をして、『うつはやめます！』って言ったら治ったんです」

もちろん、うつ病の原因は人さまざまであると考えられる。「生まれ変わり宣言」が効く人がいれば、効かない人もいるだろう。中野氏の話の眼目は実は、うつ病克服の後にある。「生まれ変わり」には「感謝行」が何よりも効くということである。

「今はコロナ時期なので、日々感謝を忘れない。僕、屋上の菜園で緑を見ながら『ありがとう行』をやります。目をつむり出会った人を思い出しながら、一人ずつに『ありがとう』『ありがとう』を言い続けるんです。それが生まれ変わるのに役に立つ。感謝行をやって、生まれ変わってリセットする。ただ、一年に一回ぐらいは生まれ変わらないといけない。僕は結構やらかしてしまうので」

「コロナの時代こそ四股を踏め」と言ったのは相撲の元横綱、貴乃花光司氏である。二〇二〇年九月の放送で、「足腰を使うことは、人間が一生せざるを得ないこと。できるだけ健康に、自己の免疫力をあげていけるかが重要です」「四股というのは呼吸法です。口で吐いて鼻で吸うことの繰り返しです。しかし、これをいかに丁寧にやるかが大切で、できるだけ深く、低く、重く、柔らかくやることです」と、四股による健康法について語った。

私の絵画にしても、宇津木さんの餃子にしても、中野氏の言霊にしても、貴乃花氏の四股にしても、それぞれの原点である。メメント・モリは原点に人びとを向かわせたのではないだろうか。死を思うことで、忘れていた純粋な原点に回帰することができたと思われるのである。

命あるものはやがて死ぬ。
形あるものはやがて消える。

何が残るのか。

私の作った餃子も消える。しかし、レシピは残る。
私の作った服も失われる。しかし、デザインは残る。

何が赦《ゆる》されるのか。

私の言った言葉も消える。しかし、言葉の意味は残る。
私の体も失われる。しかし、私が生きた証しは残る。

何が永遠なのか。
コロナ禍も消える。しかし、メメント・モリは残る。
あなたは消えない。私が記憶しているから。

胡耀邦総書記夫人の李昭さん（右）と筆者　© JUNKO KOSHINO

1985年５月15日、中国・北京のショーのフィナーレで祝福される

あとがきに代えて

あとがきの対極は、まえがきである。私を世界に連れ出し、羽ばたく機会を作ってくれたのは、安井かずみさんである。初めてのエッセーである『COLLECTION』（ゴマブックス・一九九九年）のまえがきで、彼女のことを次のように書いた。

「ジュンコ！ちゃんと目をあけてる？」……私は今でも渡辺プロダクションの渡辺美佐さんの声を、昨日のことのように思い出します。人気グループだったタイガースのステージ衣装をつくるために、真夜中まで続くリハーサルにつきあっていた私を励ます声です。駆け出しだった私はその仕事が楽しくて、何時になろうといっこうに気になりませんでした。渡辺さんはそんな私を買ってくれたのです。当時全盛を誇っていたグループサウンズの衣装を手がけることになったのは、大親友だった作詞家の安井かずみさんが渡辺美佐さんを紹介してくれたおかげ。これが、私が世に出るきっかけとなるのです。

今は亡き安井かずみさんは、私を連れ出しては、意欲的な仕事をしている多くの人に引き合わせてくれました。そこから生まれた人間関係は、私にとって何よりの財産であり、そこで得たものや影響されたものが、今日まで私の活動の支えになっています。

ファッションは人間だけに与えられた楽しみですし、人を幸せな気分にしてくれたり、人と人とを結ぶお手伝いをしてくれるものです。それだけにいつも人に囲まれていることが好きな私が、この世界に身をおいていられることはとても幸せなことだと思っています。（後略・傍点は筆者による）

エッセーを再読すると、ありし日の渡辺さんと安井さん（私は彼女のことを「ズズ」と呼んだ）を思い出す。そして自問する。「あなたは、二人のように、誰かを多くの人に引き合わせて、その人の才能を開花させている？　そのお手伝いをしているの？」。そのように努めてきたものの、二人には遠く及ばないかもしれない。しかし、二人のような存在になりたい。

安井さんは「引き算」の名人であり「刹那に生きる」名人であった。がんのため五十五歳で逝ったからではない。ストレートでシンプル、寂しがり屋で、過去よりも今、今よりも未来を大切にする生き方を貫いたからである。日本レコード大賞や日本歌謡大賞などの賞状、盾、トロフィーを「邪魔だ」と言って全部ゴミ箱に捨てたこともある。彼女が見ていたのは、過去の勲章より、現在の挑戦だった。

もう一人、忘れてはいけない人がいる。文化服装学院時代の恩師、小池千枝先生である。トルソーに布を当てて立体的に型紙（パターン）を作る「立体裁断」を日本に普及させたことで知られる先生は、私に目をかけてくれた。私の考案するデザインに他の先生がダメ出しをしても「個性的なところが面白い」と高評価してくれた。「遊ばない子は伸びない」が先生の口癖で、私はその言葉に甘えた。遊び過ぎた結果、あろうことか、出席回数が足りず卒業ができなくなった。究極の引き算だった。履歴書には「文化服装学院に入学後三年で卒業」とうそを書いた。

退学し十年を過ぎたころ、先生は卒業証書を私の元に届けてくれた。「もう時効だからあげる」。究極の引き算は、先生の愛とユーモアで埋め合わされたのである。

私たちは陽に目を引かれがちである。陰はまるで存在しないかのように扱われる。岸和田だんじり祭は「やりまわし」がハイライトである。高さ四メートル、重さ四トンの「だんじり」が、大屋根の上に乗った大工方《だいくがた》の合図で、勢いよく交差点の角を曲がる場面のことである。事故の多くがこの時に起こる。疾走感と迫力においては無比である。

実はハイライトはもう一つある。「灯入《ひい》れ曳行《えいこう》」である。大小のちょうちんを付けただんじりが、夜の町中をゆっくり進む。ちょうちんがゆらゆら揺れる。日中の喧騒と打って変わり、太鼓や笛の音が夜空に優しく響く。陰の曳行がなければ、陽の曳行は完成しない。静と動、陰と陽、夜と昼、女と男、子どもと大人、両極があって世界は豊穣になる。岸和田だんじり祭がそのことを示している。

「光にあやつられた美しい響きをもった影は、ときとして実像をこえて期待の真実を伝える」。写真家の鈴木弘之氏はそのように言っていた。

デザイナーとしての陽の私。デザイン事業を営む実業家としての陰の私。不思議なことに、私が対極の間で引き裂かれることはない。それには理由がある。

それは陰の私が……。

打ち明けるのは今度にしましょう。

記憶されるデザインのために、十年間は着られる服を作る。古くて新しい。新しくて古い。デザインも機能も、素材も色も、すべてが持続する服。そのことで今は頭がいっぱいである。

本書執筆に当たり、鈴木弘之氏の熱い支援を受けました。彼は写真家であるとともに、

JUNKO KOSHINO の代表であり、よきビジネスパートナーであり、最愛の夫であり、無理難題を持ちかけるプロデューサーです。深くお礼申し上げます。次は彼との共著を構想したいと思います。

最後になりましたが、本書執筆の機会を与えてくださった帝京大学理事長・学長の冲永佳史氏、帝京大学出版会代表の岡田和幸氏に感謝いたします。

二〇二五年一月十日

コシノジュンコ

コシノジュンコ（こしの・じゅんこ）
デザイナー。大阪府岸和田市生まれ。文化服装学院デザイン科卒業。在学中（19歳）に新人デザイナーの登竜門である「装苑賞」を最年少で受賞。その後、最年少記録は破られていない。1966年、東京・青山にブティック「コレット」を開店。1978年にパリコレクションに初参加し2000年まで続けた。海外におけるファッションショーは、1985年に中国・北京で同国史上最大のショーを実施したのに続き、90年に米メトロポリタン美術館、94年ベトナム、96年キューバ、99年ポーランド、2009年ミャンマーなどで開いた。舞台衣装やユニフォームのほか、家具や花火のデザインなども手掛ける。イタリア文化功労勲章・カヴァリエーレ章、モンブラン国際文化賞、キューバ共和国友好勲章受章。2017年に文化功労者、21年に仏レジオン・ドヌール勲章、22年に旭日中綬章受章。15年4月からTBSラジオ番組「コシノジュンコ MASACA」のパーソナリティーを務める。

帝京新書009

デザイン《でざいん》のGENTEN《げんてん》
—原点《げんてん》から現点《げんてん》、そしてフチュール《ふちゅーる》へ—

2025年3月3日　初版第1刷発行

著　者　コシノジュンコ
発行者　岡田和幸
発行所　帝京大学出版会（株式会社 帝京サービス内）
〒173-0002　東京都板橋区稲荷台10-7
帝京大学 大学棟3号館
電話 03-3964-0121
発　売　星雲社（共同出版社・流通責任出版社）
〒112-0005　東京都文京区水道1-3-30
電話 03-3868-3275
FAX 03-3868-6588
企画・構成・編集　谷俊宏（帝京大学出版会）
印刷・製本　精文堂印刷株式会社

ISBN：978-4-434-35532-5

帝京新書創刊のことば

日本国憲法は「すべて国民は、個人として尊重される」（第十三条）とうたっています。帝京大学の教育理念である「自分流」は、この日本国憲法に連なっています。

自分の生まれ持った個性を尊重し最大限に生かすというのが、私たちの定義する「自分流」です。個性の伸長は生得的な条件や家庭・社会の環境、国家的な制約や国際状況にもちろん左右されます。それでも〈知識と技術〉を習得することにより、個性の力は十分に発揮されることになるはずです。「帝京新書」は、個性の土台となる読者の〈知識と技術〉の習得について支援したいと願っています。

グローバル化が急激に進んだ二十一世紀は、単独の〈知識と技術〉では解決の難しい諸問題が山積しています。国連の持続可能な開発目標（ＳＤＧｓ）を挙げるまでもなく、気候変動から貧困、ジェンダー、平和に至るまで問題は深刻化かつ複雑化しています。だからこそ私たちは産学官連携や社会連携を国内外で推し進め、自らの教育・研究成果を通じて諸問題の解決に寄与したいと取り組んできました。「帝京新書」のシリーズ創刊もそうした連携の一つです。

帝京大学は二〇二六年に創立六十周年を迎えます。

創立以来、私たちは教育において「実学」「国際性」「開放性」の三つに重きを置いてきました。「実学」は実践を通して身につける論理的思考のことです。「国際性」は学習・体験を通した異文化理解のことです。そして「開放性」は〈知識と技術〉に対する幅広い学びを指します。このうちどれが欠けても「自分流」は成就しません。併せて、解決の難しい諸問題を追究することはできません。「帝京新書」にとってもこれら三つは揺るぎない礎です。

大学創立者で初代学長の冲永荘一は開校前に全国を回り、共に学び新しい大学を共に創造する学生・仲間を募りたいと訴えました。今、私たちもそれに倣い、共に読み共に考え共に創る読者・仲間を募りたいと思います。

二〇二三年十二月

帝京大学理事長・学長　冲永佳史